I0152611

Edgefield Press

Сергей АРТЕМЬЕВ

Chicago • 2021 • Чикаго

Сергей Артемьев
ШАГ ДО ВЕРШИНЫ

Sergei Artemiev
STEP TO THE TOP

ISBN 978-1-7366974-7-4

Главный редактор и соавтор
Анна Артемьева

Редактор: Антон Алеев
Корректор: Юлия Грушко
Компьютерная вёрстка, макет: Юлия Тимошенко
Обложка: Лариса Студинская

Managing editor & co-writer
Anna Artemieva

Edited by Anton Aleev
Proofreading by Julia Grushko
Book design and layout by Yulia Tymoshenko
Cover design by Larysa Studinskaya

Edgefield Press
Chicago, Illinois, USA

Printed in the United States of America

Содержание

Часть первая

Часть вторая

Для создания этой книги мне понадобилась помощь многих неравнодушных людей, которым я выражаю искреннюю сердечную благодарность. Особенно мне хочется отметить мою супругу, чей вклад на всех этапах подготовки издания трудно переоценить. Анна по праву может считаться моим соавтором. Без нее, я уверен, эта книга никогда бы не увидела свет. Ее целеустремленность и упорство в достижении цели не позволяли мне опускать руки даже в самые трудные моменты работы.

Антон Алеев из далекой Сибири помог привести факты моей биографии в надлежащий художественный вид.

Огромное спасибо им и всем остальным, кто принял участие в работе над книгой!

С уважением,

Сергей Артемьев

Посвящается моему брату Александру

Пролог

21 марта 1993 года.
«Тадж-Махал», Атлантик-Сити, США.

Идёт десятый раунд титульного боя за звание чемпиона Америки. Мой соперник в ринге — Карл Гриффит. Я пропускаю комбинацию ударов и отступаю, пошатываясь, назад. Ноги подгибаются, чтобы удержать равновесие, я правой рукой отчаянно хватаюсь за канат.

Я ничего не помню.

Не помню, как поднялся сегодня на ринг, как встал в стойку, как рефери крикнул: «Бокс!».

Обессилено повиснув на канатах, я не помню ни одного из этих десяти раундов.

Судья останавливает схватку и начинает считать до пяти.

Рядом со мной доктор.

Он осматривает меня и отрицательно качает головой.

Рефери поднимает руку Гриффита вверх, и силы окончательно покидают меня. Мир перед глазами смазывается и темнеет. Моя рука разжимается, я начинаю соскальзывать вниз, в чёрную беспросветную бездну. Меня успевают подхватить тренеры; вокруг, на ринге, уже столпотворение.

Через полчаса я лежу на хирургическом столе, меня готовят к операции, единственный шанс на спасение — трепанация черепа.

На следующий день газеты выходят с заголовками о моей смерти.

«Русский боксёр, — пишут они, — после боя скончался в больнице, не приходя в сознание»…

ОН ХОТЕЛ СТАТЬ ЧЕМПИОНОМ...

Роберт Селцер
"Найт-Риддер ньюспейперс"

Три года назад, когда Сергею был 21 год, он приехал в Соединенные Штаты. Улыбка Сергея была столь же обезоруживающей, как и его "хук" левой.

Урожденец Советского Союза, Артемьев воспринял новую культуру, мир, который он знал только по американским видеофильмам, распространяемым в России. Он тренировался в клубе "Йонкерс" в Нью-Йорке, появляясь на тренировках со спортивной сумкой в одной руке и английским словарем в другой.

Настойчивость Сергея полностью окупила себя, когда он стал выигрывать поединки и научился приветствовать своих соперников на английском языке. Он шел к тому, чтобы выступить в финальном матче за звание чемпиона мира в легком весе, но 21 марта в Атлантик-Сити, штат Нью-Джерси, во время встречи с Карлом Гриффитом его спортивная карьера оборвалась.

В десятом раунде Гриффит отправил Артемьева в нокдаун боковым ударом левой - это был заключительный удар сокрушительной комбинации, проведенной Гриффитом.

При счете "шесть" Артемьев поднялся. У него был разбит глаз, и судья остановил поединок. Сначала показалось, что с Артемьевым все в порядке, но затем в своем углу ринга он потерял сознание, став жертвой тромба, образовавшегося у него в головном мозге из-за постоянных сотрясений, вызванных ударами по голове.

Артемьев, который из 19 проведенных поединков победил в 18, причем 17 раз отправлял соперника в нокаут, три часа провел на хирургическом столе. Его состояние было критическим. Поначалу, чтобы предотвратить дальнейшее кровоизлияние, его держали в состоянии искусственной комы.

По словам импресарио Артемьева, умерший в возрасте 24 лет Сергей имел две цели, когда приехал в Соединенные Штаты, - стать чемпионом мира и стать американцем.

"Каждый раз, когда он заучивал новое слово, он ставил рядом с ним звездочку в словаре, - сказал Лу Фальсино, его импресарио. - У него и его жены Лены в декабре родился ребенок. Он так гордился маленьким Питером, первым членом семьи, родившимся в Соединенных Штатах".

"Он хотел стать чемпионом ради своей семьи. Каждый боксер говорит о том, что хочет стать чемпионом мира, но Сергей действительно жаждал этого. Мы рассчитывали, что осенью он сразится за звание чемпиона мира", -сказал Фальсино.

Артемьев был одним из семи советских боксеров, которых Фальсино привез в Соединенные Штаты, чтобы сделать из них профессионалов. В этой компании Артемьев был, без сомнения, лучшим.

"Он был единственным, кто дрался, как американец, - сказал импресарио. - Он сражался жестко, агрессивно".

Из тех семи русских, кто приехал в Америку, чтобы осуществить свои мечты, до злополучной воскресной ночи в Атлантик-Сити остались лишь двое - Артемьев и его старший брат Александр, боксер полулегкого веса, который во время встречи с Гриффитом находился на ринге в углу Сергея.

Сергей произвел большое впечатление на боксерский мир своим упорством и обрел много друзей, таких, как Джим Макмахон, боксер второго полусреднего веса, который провел много часов в госпитале, ожидая известий об Артемьеве.

"Я знал Сергея больше года, мы много боксировали в спортивном зале, и я могу сказать вам, что он был одним из лучших бойцов, с которыми мне приходилось работать, - сказал он. - Несомненно, из него мог бы получиться чемпион".

1 ЧАСТЬ

Нулевой раунд

Я откладываю газету с заметкой о собственной смерти. Невесело усмехаюсь. Помню, как увидел её в первый раз. Мне показали её много позже, когда я уже поправился до такой степени, что мог осознавать происходящее. Я испытал странное ощущение, впервые читая лаконичные строчки. Поймал себя на мысли, что немного людей в мире смогли прочитать в прессе о своей смерти. И я — один из таких. Сложно описать это состояние. Будто ты смотришь на мир со стороны. Как во сне. Но ничего хорошего в этом нет. Никаких позитивных эмоций. Только неловкость и опустошённость.

Иногда я люблю рассматривать старые альбомы с фотографиями, читать мамин дневник, держать в руках завоёванные медали.

Через глянцевые изображения, через неровные буквы, написанные взволнованной маминой рукой, мне легче вспомнить те годы. Проводя пальцами по шершавой поверхности золотых медалей, я словно прикасаюсь к прошлому. И оно врывается в меня яркой чередой воспоминаний. Разных. Хороших и не очень. Тех, которые так приятно вспоминать. И тех, что до сих пор воспринимаются с досадой.

— Серёжа, ты опять достал это альбом? — спрашивает Аня.

Это моя жена. Мы живём с ней в нашей нью-йоркской квартире, и она всегда рядом со мной в трудные моменты. Поддерживает и оберегает.

— Понимаешь, — отвечаю, — я хочу написать книгу.

— Книгу? — удивляется она, вскидывая вопросительно бровь.

— Да. Про свою жизнь. Про то, как... Про то, как ты идёшь к своей вершине и как... — я замолкаю и смотрю на ту самую заметку в газете.

Анна ничего не отвечает. Садится рядом, прижимается, обнимает, кладёт свою голову мне на плечо.

— Мне ведь есть о чём рассказать, — поясняю я. — Мне, простому ленинградскому мальчишке, который стал профессионалом и побеждал на самых известных рингах Америки.

— Конечно, есть, — тихо говорит Аня. — У тебя необыкновенная судьба.

— Как и у любого другого. Судьба каждого человека необыкновенна.

— Но не каждый в восемнадцать лет выигрывает Кубок СССР, а в двадцать побеждает Шейна Мосли.

— Не каждый, — соглашаюсь я. — Но я хочу написать не только о боксе. Не только о выигранных боях и о полученных титулах. Я хочу написать о том, что к этому привело. О людях, что оставили в моей жизни заметный след. О стране, в которой родился, и о стране, в которой живу. О выборе. О маленьких радостях и первых разочарованиях.

— Что ж, — кивает Анна. — Наверное, это будет очень интересная книга. А как ты назовёшь первую главу?

— Пока не знаю, — признаюсь я.

И переворачиваю ещё одну страницу альбома с фотографиями. С цветных прямоугольников на меня смотрят знакомые лица. И я тоже всматриваюсь в них, погружаясь в прошлое. В моей голове всплывают даты, имена, обрывки запомнившихся фраз. Я закрываю глаза. И оказываюсь то в переполненном ревущем зале Тадж-Махала, то в маленькой комнатке нашей суетной коммуналки на Пушкинской. То в дребезжащей плацкарте, увозящей меня на очередные сборы, то в кресле комфортабельного самолёта, переносящего меня из Нью-Йорка в Лос-Анджелес.

— Нулевой раунд, — говорю я.

— Что? — Аня смотрит не меня непонимающе.

— Первая глава будет называться «Нулевой раунд», — повторяю я. — Потому что…

Потому что в этом названии есть потаённый смысл. Всё, что предшествует схватке, тоже важно. А иногда случается так, что кроме этого самого нулевого раунда у тебя ничего не остаётся в жизни.

— Может быть, ты прав, — задумчиво произносит Аня.

А я уношусь мыслями очень далеко, в своё детство.

Я снова маленький мальчик. Меня пока ещё не приняли в секцию бокса по возрасту, но зато я узнал, что на ближайшем катке открыт набор в хоккейную команду. И я бегу записываться туда. С большим воодушевлением. Скрип коньков, клюшка, перемотанная синей изолентой, чёрный диск ребристой шайбы, что ещё надо для детского счастья?

Товарищ тренер

Мне 10 лет от роду. Я запрокидываю голову и смотрю вверх, на пробивающееся сквозь хмурое небо солнце. Шапка-ушанка на моей голове съезжает на самый затылок, не сваливается она лишь потому, что подвязана под подбородком. Начинает падать редкий снег, некоторые снежинки, плавно кружась, опускаются мне на щёки, щекоча кожу.

Я отрываюсь от созерцания морозного зимнего дня и, ударяя портфель коленкой, почти бегом припускаю вдоль Пушкинской — после школы мне надо успеть на каток, там сегодня записывают в хоккейную секцию.

Я уже занимаюсь гимнастикой, но… После того как Сашка, мой старший брат, сломал на перекладине руку, мне не очень-то хочется одному ходить на эти тренировки. Не потому что я испугался и тоже боюсь получить травму, а потому что Саня сказал, что как только его рука заживёт, он пойдёт записываться на бокс. Бокс, вот здорово! Везёт ему, брат у меня уже большой! А я…

Каток находится во дворе обычного жилого дома, кроме прочего, здесь располагается филиал хоккейной секции.

Как я не торопился, но всё же немного опоздал, это становится понятным по обстановке на ледовой коробке.

Там и тут парни разных возрастов, кто-то из малышни смешно замахивается клюшкой, кучка ребят постарше поодаль солидно стоят у бортика, снисходительно поглядывая на неумех. Я, набравшись смелости, направляюсь прямо к тренеру, огромному, как скала. Он стоит у бортика по эту сторону площадки и держит на вытянутых руках ботинок лезвием вверх, изучая заточку.

— Товарищ тренер, — робко говорю я, страшась отрывать его от такого важного занятия.

— А? — хмуро поворачивается он и недоуменно опускает взгляд, потому что я хоть и не маленький для своих лет, просто худощавый, но с высоты его гигантского роста почти незаметный. — Чего?

— К вам в команду ещё можно записаться? — я говорю очень тихо и робко, потому что для меня всё в новинку — и такая спортивная суета, и непривычная обстановка.

— Что-что? — тренер наклоняется и даже прикладывает руку к уху. — Что ты там пищишь?

— Записаться, — окончательно теряюсь я. — В хоккей…

Тренер некоторое время смотрит на меня непонимающе, а потом, хохотнув, вопрошает:

— А ты секцию не перепутал?

Я смотрю на него снизу вверх. Он и вправду огромен. Кажется, заслоняет полнеба.

— У вас же написано, — уже с отчаянием замечаю я.

— Ты посмотри на себя, шкет, — предлагает тренер скептически. — Ты худой и слишком мелкий для хоккея!

— Но я же вырасту! — неожиданно строптиво заявляю я.

— Ха-ха. Может, и вырастешь, — соглашается тренер и, немного поразмыслив, добавляет: — Но таким, как я, не станешь ни-ко-гда!

И он начинает смеяться, некрасиво, громко и очень обидно.

Я опускаю голову и иду восвояси, продолжая слышать за спиной его уничижительный смех.

Придёт время, и я вспомню этот эпизод явственно, до каждой мелкой детали, будто бы он произошёл со мной не сорок лет назад, а только вчера.

Обычное необычное детство

Я родился 20 января 1969 года в городе-герое Ленинграде в обычной советской семье. Мои родители владели самыми обыкновенными профессиями, мать, Лидия Павловна работала поваром в детском садике, а отец Виктор Викторович был водителем грузовика. Был у меня и старший брат, Александр. Наша разница в возрасте (а он на два с половиной года старше) позволяла ему быть для меня непререкаемым авторитетом. Я всегда по-хорошему завидовал брату, старался ему во всём подражать и изо всех сил пытался не отставать, стремясь достигать таких же спортивных результатов. Но разница в возрасте давала о себе знать: конечно, Сашка был во всём первым. Первым пошёл на гимнастику, первым решил записаться на бокс, по-братски пообещав поговорить с тренером насчёт меня.

Я часто думаю, как произошло, что моя карьера — да что карьера, вся моя жизнь — оказалась в дальнейшем связанна со спортом? Всё это ведь не просто так. Нет ничего случайного. И все мы родом из детства. Сейчас, оглядываясь на свой путь, я понимаю, что моя главная жизненная дорога начала вырисовываться уже тогда, в ранние школьные годы. Да, пусть это были те времена, когда в спортивные секции и кружки ходило подавляющее большинство школьников. Занятия в них были бесплатны и доступны всем. Но ведь это было только началом, первой даже не дорогой, а тропинкой в жестокий мир большого спорта. Поэтому неудивительно, что многие быстро сворачивали с неё, отыскав для себя другие занятия, к которым лежала их душа. А мы с Александром выбрали свой, особенный, путь и никогда об этом после не жалели.

Дом 20 по улице Пушкинской, в котором мы жили в то время, был по-своему замечательным. Это был целый особняк. До революции — а построен он был в 1853 году — в нём располагался «Палас-Отель». В парадной до сих пор висела огромная вычурная бронзовая люстра, чудом уцелевшая в блокаду, высокие потолки, инкрустированные помпезной лепниной, напоминали порой о былом шике, а по широкой мраморной лестнице с растянутой по её ступеням видавшей виды, но всё же сохранившейся ковровой дорожкой было очень весело бегать туда-сюда. Также поражали детское воображение старинные мозаичные панно на окнах. На них были представлены разнообразные незатейливые сюжеты, мне особенно запомнился один, в окне третьего этажа — речка, по обе стороны её склоняющиеся почти до воды деревья; лодка на фоне звёздного неба, в ней юноша атлетического сложения двумя руками крепко держит весло, а рядом с ним потрясающей красоты девушка с распущенными волосами. На первом этаже стоял, приветствуя несуществующих посетителей отеля, большой искусственный медведь. Надо сказать, что, по иронии судьбы, рядом с нашим домом по обе стороны в советское время были открыты два заведения, пользующиеся особым спросом у не очень-то культурной части населения. Налево, через дом, располагался «Вино-водочный», а справа неподалёку был пивной бар. Что и говорить, после того как оба учреждения начали функционировать в полную силу, в нашей парадной постоянно ошивались страждущие. Но это было полбеды. За неимением специально отведённых для этого мест многие справляли нужду прямо в фойе бывшего «Палас-Отеля», чем очень быстро привели его в неподобающее состояние. Их даже не останавливал грустный и осуждающий взгляд искусственного медведя.

Бывшая гостиница была переоборудована под коммуналку сразу после революции. Когда-то тут останавливались великие люди, ходили слухи, что «Палас-Отель» посещали и Пушкин, и Лермонтов. Сейчас же гостиницу приспособили для нужд простых советских граждан. Нам досталась целая комната, которую батя тут же перегородил надвое фанерной ширмой. Как в любой коммунальной квартире, повсюду стоял шум и гам, но я не роптал, быстро находя с многочисленными соседями общий язык.

Мама была у нас строгая. Чуть что, давала затрещину. Как и все ребятишки такого возраста, мы часто шалили, за что и огребали от неё «по полной». Отец же был более покладист. Бывало, конечно, и он нас журил, хмуро сдвигая брови, но такое настроение у него длилось недолго, он был отходчив и чаще всего прощал нам с братом наши выкрутасы. Несмотря на то что папа был шофёром, в нём всегда проявлялась и творческая жилка. В свободное от работы время он любил перерисовывать картины «по клеточкам», играл на гитаре и пел весёлые песни.

Забавно, но мы с Саней, такие похожие телосложением, сильно отличались внешностью. Брат был вылитой копией отца, а в моём облике больше просматривалось сходство с мамой. Однако характеры нам достались ровно наоборот, Александр был более рассудителен и твёрд, как мама, а я часто «витал в облаках», унаследовав папино художественное воображение. Вспоминаю забавный эпизод, когда отец всё же уговорил меня сходить попробоваться в художественную школу. Я уже занимался боксом, но скрепя сердце согласился. Там надо было нарисовать блюдце с чашкой, что я и сделал, а второе задание было свободным — малюй, что в голову взбредёт. Я изобразил восходящее солнце — полукруг, выходящий из-за горизонта, который сливался с морем (хотя настоящего моря я никогда не видел). Лучи появляющегося светила красиво освещали водную гладь, создавая неповторимое, как мне казалось, настроение. Удивительно, но моя картина произвела на преподавателей сильное впечатление, они поражались, что мне с первого раза так точно удалось уловить правильную композицию. Я получил за задание семь баллов, что для новичка было очень хорошо, но проходной балл для занятий в школе равнялся восьми. Я нисколько не расстроился, «художка» отвлекала бы меня от бокса, которым я уже увлёкся надолго и всерьёз.

Но это случится позже, а пока, после крайне обидного фиаско с секцией хоккея, я окончательно решил, что на гимнастику ходить тоже не буду. Хотелось чего-то более мужественного, интересного. Пусть я был невысок и худощав, но ведь удача в спорте покоряется не только физически сильным, но и ловким, быстрым, а главное — упорным. Как ни странно, но то презрительное отношение хоккейного тренера к моим потенциальным способностям меня только раззадорило. У Сашки к тому времени рука уже давно зажила, он сходил на несколько тренировок на бокс. Я всё ждал, что он подойдёт как-нибудь и скажет: «Серёга, айда в следующий раз со мной, тренер разрешил мне тебя привести!». Ведь он обещал поговорить, но этого всё не происходило. Тогда я решил взять свою судьбу в свои руки. Самбо — это ведь тоже очень здорово. Есть где показать свои умения. Тем более записали меня туда без проблем, да и секция располагалась совсем рядом, буквально в двух шагах, в соседнем доме. Но так случилось, что сходил я на занятие этой борьбой только раз.

Почему?

Да потому что когда я на следующий день подбежал к своему старшему брату, который усталый, но довольный возвращался со своей очередной тренировки по боксу, он приобнял меня и сказал очень простые, но такие долгожданные для меня слова:

— Серёга, айда в следующий раз со мной, тренер разрешил мне тебя привести!

Надо верить

«Всегда надо верить», — эти слова я скажу в своём интервью журналистке телевизионного канала много-много позже. Быть может, этот девиз не очень-то оригинален, но зато он проходит через всю мою сознательную жизнь, а через мою жизнь в спорте — особенно. Вера в свои силы. Вера в будущее. Вера в Бога, наконец. Я не представляю, как смог бы добиться таких высоких спортивных результатов без веры в себя. Вера всегда была со мной, с первых лет жизни. И она останется в моём сердце теперь уже до конца моих дней.

Этот хмурый весенний день навсегда отпечатался в моей памяти траурным отголоском. Я бежал по мраморным лестницам на пятый этаж, где была наша квартира, ещё ни о чём не подозревая. Распахнул дверь, вошёл — никого. Мне надо было всего лишь оставить школьный портфель и снова бежать на улицу, через десять минут всем ученикам следовало собраться у школьного крыльца. Вязкая тишина, стоящая в комнате, насторожила. Я заметил небольшой листочек с рваными краями, видимо, впопыхах оторванный от тетрадного листка в клетку. Он лежал на блюдце, стоявшем на совершенно пустой столешнице. С заколотившимся сердцем я взял клочок и поднёс записку к глазам.

«Серёжа, твой папа умер, я у тёти Гали», — было там написано неровным бабушкиным почерком. Мой школьный портфель выпал у меня из разжавшейся ладони и с глухим стуком упал на пол. Он так и остался там лежать, сил его поднять у меня уже не было.

Я, всё ещё ничего не понимая, отложил листик и, не в силах осознать случившееся, растерянно спустился по мраморной лестнице обратно на улицу, побрёл к школе.

— Ты чего такой кукся? — по-дружески толкнул меня в плечо мой тёзка Серёга Адамов. Его отец был дальнобойщиком, мотался в ближайшие социалистические страны и иногда давал сыну большое по тем временам сокровище — пластинки настоящей фирменной жевательной резинки.

— У меня папа умер, — тихо-тихо сказал я, глядя себе под ноги.

— Да хорош заливать, — не поверил Адамов. — Скажешь тоже! На вот! — и он протянул мне один пластик.

Я на автомате взял жвачку, развернул и засунул в рот.

Стал жевать, и вдруг у меня неожиданно, водопадом, из глаз полились крупные слёзы, беспрерывно и безостановочно.

«Серёжа, твой папа умер».

Эти слова были совершенно невозможными, прозвучавшими из какой-то другой реальности, ничего общего не имевшей с той, в которой я находился.

После этого всё стало по-другому. Но моя, пусть крошечная в те годы, вера в будущее уже тогда взяла верх. Потому что я поклялся, поклялся по-настоящему, сделать всё, чтобы мой трагически ушедший из этого мира отец мог впоследствии гордиться мной. Пусть он бы незримо наблюдал за мной оттуда сверху, корил за ошибки, подсказывал и поддерживал, но никогда бы не сожалел, что у него есть такой сын. Чтобы гордился. А для этого мне, маленькому Серёже Артемьеву, в 10 лет от роду оставшемуся без отца, надо было поверить в свои силы и начать доказывать и себе, и друзьям, и взрослым, что я способен на большее. А что, как не спорт, мог мне в этом помочь? Я растворился в занятиях боксом. Я упорно, сжав зубы, отрабатывал первые упражнения для новичков. Я стоически выдерживал первые оплеухи в спаррингах, я до седьмого пота тренировал первые удары. Я тогда ещё не мог знать, выйдет ли из меня что-то стоящее на этом поприще. Но уже тогда я верил. И это помогало мне смириться с первой жизненной болью утраты, с такой болью, которая хоть и утихает со временем, но полностью не исчезает из нашей души никогда.

Братья

Я переворачиваю страницу. Со старой фотографии на меня смотрят два подростка. Один явно постарше. Это мой брат Александр. А второй это я.

Когда ты смотришь на себя в детстве, ты думаешь о разном. Удивительное ощущение: у этого мальчика с растрёпанными волосами ещё всё впереди. И он ни о чём не догадывается. Он просто живёт сегодняшним днём, с маленькими детскими радостями и такими же мелкими невзгодами. Он ещё не задумывается о будущем. И правильно делает!

Сашка почти взрослый, ему хорошо!

Он учит меня защищаться и давать сдачи.

— Иди сюда, — говорит он, хватает меня за локоть и выводит на середину комнаты.

Прошло уже целых две недели, как он ходит на бокс. Я пристаю к нему с расспросами, но он только отмахивается. И обещает поговорить с тренером, чтобы меня тоже взяли.

— Вот нападай, — предлагает он и встаёт в стойку.

— Как? — глупо спрашиваю я.

— Об косяк! — огрызается брат. — Как будто ты бандит! Возьми линейку, это будет нож.

Я послушно беру со стола деревянную линейку, надуваю щёки и медленно размахиваюсь, имитируя удар.

— Да нет, — досадливо морщится брат. — Не так! По-настоящему.

Он уже стоит, как учили в секции — одна нога чуть вперёд, руки согнуты, кулаки у лица, — и прищурившись смотрит на меня.

Я прыгаю вперёд, стараясь ткнуть Сашку сверху вниз «ножом» по плечу. Он отстраняется, ещё не очень умело, но всё же удачно. Моя рука рассекает воздух, но я быстро восстанавливаю равновесие и захожу сбоку, делая свирепое лицо. Саня коротко бьёт меня кулаком по предплечью. Не очень сильно, но очень, по моему мнению, унизительно.

Зашипев от досады, я пытаюсь ткнуть его в живот, но он перехватывает мою руку и начинает выкручивать. Это выводит меня из себя окончательно. Я начинаю лупить его кулаками куда попало, пытаясь выкрутиться из захвата. Линейка отлетает в угол.

Мы пыхтим и дёргаем друг друга в разные стороны. Саня и сильнее, и больше. Он сминает меня, сгибая вниз, и хватает рукой за шею. Лицо у меня багровеет от нехватки кислорода, но я упрямо толкаю его всем корпусом вперёд, переступая ногами. Он запинается об брошенный портфель, и мы падаем, сцепившись в схватке, вначале на край истрёпанного дивана, а потом прямо на пол, сминая дорожку. Кто-то из нас задевает дрыгающейся ногой тумбочку, она съезжает в сторону, большая хрустальная ваза, стоящая на ней, качается. Потом, как в замедленной съёмке, ваза валится на бок, соскальзывает с тумбочки вниз и с грохотом разбивается об пол на тысячу брызнувших осколков.

Мы замираем в полной прострации. Не веря в случившееся, отдуваясь, садимся рядышком и с ужасом смотрим на содеянное. Мать нас убьёт! В этом нет никаких сомнений.

— Из-за тебя всё! — заявляет брат. — Куда ты полез-то?!

— Ты же сам сказал по-настоящему! — моему возмущению нет предела, и я готов снова броситься на Сашку с кулаками.

— По-настоящему, — передразнивает брат. — Психа такого никогда в бокс не возьмут!

— Ну и ладно! — в отчаянии кричу я. — Ну и не надо! Не нужен мне твой дурацкий бокс! Я вот уже записался в… в… — я пытаюсь что-то лихорадочно придумать, но в голове вертятся почему-то шахматы, может, потому что в такой кружок записался недавно мой одноклассник Женя Крюков и прожужжал нам этой новостью все уши. Но говорить про шахматы я не решаюсь, чтобы в очередной раз не быть поднятым на смех.

Так и не закончив свою тираду, я вскакиваю на ноги и стремительно выбегаю из комнаты. На ходу сдёргиваю курточку с вешалки и бегу на улицу, пусть Сашка сам с матерью о разбитой вазе объясняется. А я пока во дворе пережду…

В это сложно поверить, но за всю свою спортивную жизнь мы ни разу не боксировали с Александром на ринге официально. Отчасти это связано с тем, что во «взрослом» боксе мы соревновались в разных весовых категориях: вначале он в 54 кг, а я в 57, а после 1988 года — брат перешёл в 57, а я уже в 60 кг. Но это случилось позже, а вот в юниорах мы могли пересечься не раз и не два.

Когда был жив отец, он донёс до нас одну простую истину, которую мы запомнили на всю оставшуюся жизнь. «Никогда не деритесь друг с другом на ринге, — сказал он нам как-то раз, внимательно и серьёзно осматривая каждого. — Вы братья, вы должны поддерживать друг друга, а не выяснять, кто из вас сильнее». Потом он улыбнулся и потрепал нас по вихрастым макушкам.

Но одно было наши желания, а другое — официальный протокол соревнований.

Однажды нас поставили боксировать в финале первенства Ленинграда.

И вот я у канатов, уже на ринге…

А Сашка… Сашки нет. На правах старшего он поступил так, как считал нужным. Потому что всегда помнил слова отца. Он просто не явился на поединок. Пусть даже ему пришлось для этого сказаться больным или придумать другую причину. И, несомненно, он поступил правильно, и я никогда его за это не упрекну.

По регламенту ему засчитали поражение, а больше в нашей жизни такого не случалось. Ну и слава богу.

Зато неофициальную взбучку от брата на тренировке я один раз получил, что называется, по полной программе. Очень уж мне было с утра нехорошо на ринге в спарринге, потому что… Потому что было очень хорошо накануне вечером.

Виноват во всём был Витька-провокатор.

— Во, — сказал он, заявляясь в нашу комнату на сборах с огромнейшей пластмассовой канистрой, в которой что-то побулькивало.

— Бензину купил? — подозрительно поинтересовался Борька Макаров, наш третий «сожитель».

— Не, — заговорщицки подмигнул Витёк Зимин. — Взял за бесценок у таксистов. Вино.

— Целая канистра вина? — удивился Макаров и подошёл к таре, которую Витёк как раз поставил посреди комнаты. Боря отвернул крышку и понюхал содержимое.

— Непонятно, чем пахнет, — сообщил он разгибаясь.

Нельзя сказать, что я раньше никогда не пробовал спиртное. Несмотря на наш юный возраст, почти все мои ровесники нет-нет да и экспериментировали тайком от родителей. Но у меня это случалось нечасто и не помногу. Бутылка пива, бокал вина, рюмка горькой-прегорькой водки.

Я зачем-то тоже понюхал жидкость и также не разобрал, что это такое.

— Машьяныч узнает, что мы тут делаем, убьёт нас всех, — испугался Макаров, догадываясь, что замышляет Витёк.

— Да чё вы как маленькие? — презрительно фыркнул Зимин. — Тренировка только завтра. Поспим потом — и нормально. Тащи стакан. Серёга, ты ж не против? Или тоже ещё маленький?

Это был запрещённый приём — брать на «слабо». Но я повёлся.

По первому стакану выпили прямо тут, в комнате. Конечно, это было никакое не вино, а обычная брага. Причём пилась она очень легко, как терпкий квасок. Однако настроение у нас очень быстро улучшилось.

Из опасений, что Геннадий Юрьевич легко может застукать нас на месте преступления или мой старший братец заглянет на огонёк и испортит весь праздник, решено было прямо с канистрой переместиться в ближайший парк. Где мы и устроились вскоре, частично укрытые от других отдыхающих тенью раскидистых деревьев.

Некоторое время всё шло просто прекрасно. Мы хихикали, обсуждали волейболисток из соседнего корпуса и кормили хлебом невесть откуда взявшуюся местную дворняжку. Но брага штука коварная. Когда я после достаточно долгих возлияний попытался встать на ноги, у меня это с первого раза не получилось. Икнув, я попытался ещё раз, опершись для уверенности на размякшее плечо Макарова. Кое-как мне удалось подняться. Некоторое время я стоял и покачивался, как мачта на сильном ветру. Но тут Зимин наполнил очередной стакан и протянул мне. Пришлось сесть обратно, чтобы не расплескать жидкость раньше времени. Куда потом делась канистра, я не помнил. По правде говоря, после вот этого самого протянутого мне Витькой стакана я запомнил всего несколько эпизодов. Вначале Борьку Макарова, который дремлет на лавке, а потом неожиданно вскакивает и, пытаясь нас оттолкнуть, кричит: «Дайте пройти, мне выходить на следующей!» Потом как мы отводим Зимина, которого окончательно развозит, к нашей гостинице, оставляем в фойе, а сами с Макаровым идём ещё «погулять». В результате «гуляния» мы заходим в троллейбус, чтобы доехать пару остановок до того самого парка, и с удивлением видим на одном из сидений спящего Витьку. Каким образом он умудрился попасть в троллейбус, мы не имеем ни малейшего понятия. Мы снова конвоируем его в гостиницу и на входе натыкаемся на Машьянова.

С утра у меня жутко болит голова. Геннадий Юрьевич заявляет, что ждёт нас троих после тренировки в своём номере, а Сашка отделывает меня на спарринге по полной. Я защищаюсь вяло и получаю оплеуху за оплеухой.

— Будешь знать, как нарушать режим! — шипит Александр, награждая меня серией ударов. — Взрослым себя почувствовал?! Отец бы тебе устроил за такое! Совсем не соображаешь?!

Мне и так плохо, поэтому я не отвечаю, а только суплю бровь и выставляю вперёд руки, отбиваясь от его напора.

Но Сашка безжалостен. Он долго воспитывает меня и физически, и словесно, и, надо сказать, довольно действенно. Больше я себе таких фокусов на сборах и соревнованиях не позволяю.

Я снова смотрю на старую фотографию и вижу двух подростков. И теперь точно знаю, что, несмотря на все детские разногласия и обиды, они, эти двое, будут всегда идти по жизни вместе, поддерживая друг друга. Так, как и должны это делать настоящие братья.

Тайное становится явным

Вы что, бросили гимнастику?! — моя мама выглядела очень сердитой. Было воскресенье, выходной, и сейчас она варила суп на общей кухне нашей коммуналки, а мы с братом попались под её горячую руку. Без отца наша жизнь стала совсем другой. Чтобы прокормить семью, маме приходилось работать сверхурочно, и плотно заниматься нашим воспитанием у неё не было никакой возможности. С одной стороны, такая свобода была нам на руку, мы могли после школы с удовольствием играть на улице, немного хулиганить, не всегда успевая делать уроки. Как и многие мальчишки и девчонки тех лет, мы почти не сидели дома: зачем, если на улице столько разнообразных игр и вся знакомая пацанва? Футбол, кашевары, ножички, казаки-разбойники, да мало ли чем можно заняться! Только бы по-быстрому перекусить варёной картошкой, чтобы не урчало в животе, и вперёд к новым приключениям. Но всё же некоторая внутренняя дисциплина в нас присутствовала. И это как раз благодаря тренировкам. Пока был жив наш отец, он контролировал каждое наше посещение секции. Когда его не стало, контролировать оказалось некому, но в нас с Саней уже выработалась эта привычка. Занятия в секции пропускать нельзя! И чем взрослее мы становились, тем твёрже придерживались этого нехитрого правила.

В своё время мы так и не удосужились сообщить маме о том, что давно поменяли секцию. Она знала, что мы «ходим на спорт», но по старинке думала, что это гимнастика.

Но всё тайное рано или поздно становится явным. Наш тренер Геннадий Юрьевич час назад позвонил нам домой, чтобы отпросить нас у мамы на соревнования. После успешных тренировок настала пора нам выезжать вместе с основной командой.

«Какой ещё бокс? — не поняла вначале мама. — Они у меня на гимнастику ходят!»

Тут-то и вскрылась «страшная» правда.

— Бокс — это зыко! — сообщил Александр, встал в стойку и сделал два пружинистых прыжка, имитируя атаку.

— Вы с ума сошли, ещё и Серёжку туда утащил, последние мозги вам сотрясут!

— Да что ты, мам, там же все в перчатках!

— Знаешь, можно и в перчатке так ударить, что… — мама сокрушённо покачала головой.

— Тренер нас хвалит, — сказал Саня. — Говорит, что мы, эта… как его… проспективные!

— Может, перспективные? — поправила мама. — Горе вы оба моё луковое! Я сама с тренером ещё раз поговорю, когда вернётесь, а то вы и соврёте — недорого возьмёте! И смотрите мне, если ещё раз двойки принесёте в дневнике — никакого бокса. Запру в комнате!

Сашка меня выше, больше, сильнее. Так ведь и должно быть, он почти на три года старше. Геннадий Юрьевич говорит, что техника боя у нас тоже похожая. Только старший более прямолинеен, а младший похитрее и поизворотистей. Но удар у нас коронный у обоих будь здоров. Уже не один соперник это на себе испытал.

Мама свою угрозу выполнила, выкроила полчаса и с тренером после наших первых сборов побеседовала. Вернее, даже не с одним наставником, а с двумя. В спортсекции общества «Динамо», куда мы ходили с Саньком, конечно, было несколько тренеров. Каждый работал со «своим» возрастом и весовой категорией. Но всё равно преподаватели были всё время в контакте друг с другом. Тем более если какой-то из воспитанников начинал подавать надежды, к его подготовке подключались и другие специалисты. Так случилось и у нас с Саней, кроме самого первого и безгранично нами уважаемого Машьянова, с нами стал потихоньку работать Игорь Михайлович Лебедев, признанный профессионал своего дела, специалист по тактическим элементам боя, который уже тогда возглавлял сборную команду Ленинграда (а позже входил в число тренеров сборной СССР по боксу). Под его руководством выросло уже несколько мастеров спорта, и его тренерская квалификация ни у кого не вызывала сомнений. Так вот, в тот момент, когда наша мама посетила спортивный зал, там находились оба наших тренера.

Нельзя сказать, что они полностью развеяли все мамины сомнения в правильности такого выбранного нами пути. Но они смогли её убедить, что бокс — это вовсе не мордобой, а настоящий, очень серьёзный вид спорта, который учит быть упорным, целеустремлённым, даёт отличную физическую подготовку, закаляет духовно и делает из пацанов настоящих мужиков.

Когда, после окончания мной 8 класса, мне поступило приглашение перейти в ШИСП — школу-интернат спортивного профиля — специализирующуюся по боксу, я не раздумывал ни секунды. Мама давно смирилась с моей спортивной карьерой и на деле убедилась в правильности слов, сказанных ей тренерами в самом начале моей боксёрской карьеры. С поступлением в спорт-интернат начался новый этап в моей жизни. В спецшколу съезжались самые одарённые спортсмены не только из Ленинграда, но и из области, и даже ближайших городов. В ШИСП занимались не только боксёры, но и представители самых разных видов спорта. Главным критерием был спортивный талант. В ком преподаватели видели скрытые перспективы, те и получали приглашение. Поэтому я был очень горд сознавать, что среди таких подающих надежды учеников был и я.

Первый снежок комом

Если какие-то более-менее осмысленные любовные переживания у меня связаны были уже с периодом обучения в спортивном интернате, то та самая первая любовь накрыла меня ещё в третьем классе.

Пассию звали Ирой. Фамилия у неё была необычная — Райнер. Худенькая, невысокая девочка с двумя смешными косичками, торчащими в стороны.

Ирка сидела как раз передо мной, и ничего не мешало мне то и дело рассматривать её затылок и аккуратно стянутые сзади резинками волосы. У неё было две макушки, что, несомненно, казалось мне удивительным, так как я не поленился и при помощи опытного ощупывания и применения дома двух зеркал (одного круглого косметического и второго, вмонтированного в трюмо) с точностью определил, что у меня, как и у всех остальных людей, макушка одна.

Ира на меня никакого внимания не обращала. Впрочем, как и остальные девчонки в классе, которые почти не интересовались тогда пацанами. А только шептались на переменках, собравшись в стайки, прыскали в кулачок. Мы же, занимающиеся в школе более важными делами, вроде конструирования плевательных трубок или выстраивания рисованных боёв в тетрадке по математике, смотрели подчас на них снисходительно. Тем удивительнее показались мне произошедшие со мной метаморфозы. Глядя на Ирку, я иногда чувствовал в груди какое-то непонятное томление, будто бы из меня выкачали воздух. Я нисколько не подавал виду, это было очень опасно, прознавшие о моих романтических настроениях одноклассники могли бы быстро поднять меня на смех.

Но я ничего не мог с собой поделать. Меня так и тянуло смотреть в её сторону, а две макушки, то и дело мелькающие передо мной на уроках, мешали мне сосредоточиться. Дело дошло до вопиющих прецедентов! Однажды, задумавшись о высоком, я не расслышал, что меня вызывают к доске, чем вызвал веселье всего класса. А если бы они ещё знали, от чего это всё произошло!..

Вечно продолжаться такая нервная ситуация определённо не могла.

Промежуточная развязка наступила неотвратимо и совсем не так, как я планировал.

На улице царствовал снежный декабрь. Крыши домов и карнизы покрылись мохнатыми белыми шапками, на дорогах и улочках снег был более притоптан и укатан, но на обочинах сверкали на зимнем солнце небольшие уютные сугробы.

В этот день уроки уже закончились, мои одноклассники, быстро напялив полученные из раздевалки курточки и пальто, радостно выбежали на крыльцо и пришкольную территорию. Погода стояла замечательная, было тепло, с неба падали огромные пушистые снежинки. Можно было наслаждаться свободой на полную катушку. Витька с Лёшкой, мои друзья, сидевшие за соседними партами, с гиканьем понеслись к небольшой накатанной горке. Ледяной жёлоб спускался в маленький овражек, и можно было с шиком прокатиться по нему вниз, подложив под себя, например, многострадальный портфель. Гриня Петров, хулиган и двоечник, принялся катать шар для снежной бабы, снег хорошо лепился благодаря тёплому солнышку. Большинство же моих сверстников затеяли играть в снежки. Я тоже слепил пару снарядов и, размахнувшись, запулил их, почти не глядя, в снующую перед крыльцом школы, толпу. Всюду раздавался крик и ор. Мои одноклассники и младшие школьники со сверхъестественной скоростью носились по территории, мелькая разноцветными курточками. Девчонки, группками попадая под хаотичный обстрел, пищали и взвизгивали. Восторг вокруг царил необычайный.

Я, отдышавшись, немного перевёл дух и осмотрелся. Скользнув взглядом по непрерывно изменяющейся палитре, я без труда рассмотрел Ирку, которая со своей подружкой Светкой Рябовой, неумело прикрывающейся рукой от летящих со всех сторон снарядов, продвигалась в направлении примыкающего двора. У предмета моих воздыханий на воздухе раскраснелись щёчки и блестели глаза. В этот момент она мне показалась поразительно красивой, словно сошедшей со страниц какой-нибудь волшебной сказки. Я быстро нагнулся и, продолжая пребывать под сильным впечатлением от увиденного, скатал себе снежок побольше.

Ощутив в руке подобающий моменту снаряд, я побежал в сторону девчонок, на ходу уворачиваясь от летящих прямиком на меня вопящих одноклассников. Выйдя на прицельную дальность и не в силах сдерживаться от нахлынувшего не меня азартного возбуждения, я не придумал ничего лучше, как выказать переполняющее меня внимание, залимонив в сторону предмета моего обожания внушительный по размерам снежок.

Ира как раз повернула голову в мою сторону, отворачиваясь от другой угрозы. Это движение стало для неё роковым.

Пущенный мной снежок угодил ей в щёку. Она громко «айкнула», схватила лицо руками и рухнула на колени. Светка в ужасе склонилась над ней, а потом стала грозно осматривать окрестности, выискивая виновника. Но его, виновника, не надо было искать. Я растерянно стоял в нескольких метрах, опустив руки, и с удивлением смотрел на результаты своего теракта. Откуда ни возьмись рядом оказалась завуч; минутой ранее она уже предприняла быстрые меры для предотвращения той вакханалии, что царила перед школой, а сейчас стояла рядом со мной, несомненно прекрасно углядев все детали моего состоявшегося покушения.

Ирка рыдала навзрыд от боли, уткнувшись в ладошки. Светка гневно тыкала в моём направлении пальцем, завуч, схватив меня за рукав куртки и периодически встряхивая, что-то мне выговаривала, но я не слышал ни слова. Я был повержен, опустошён и морально растоптан. Я никак не мог понять, почему проявление моего внимания сыграло со мной такую злую шутку? В самом деле, как ещё я мог бы выказать своё расположение Ирке?

К счастью, в тот раз всё обошлось. Всё же это был снежок, а не камень (тьфу, тьфу, тьфу). Щёчка Ирки на какое-то время стала лишь чуть розовее обычного, а от завуча мне хоть и досталось на орехи, но до вызова в школу родителей не дошло. Мне даже не поставили «пару» за поведение в дневник, ограничившись лишь воспитательной беседой.

Но, как ни странно, такое идиотское моё поведение не осталось совсем уж незамеченным. Женщины, даже такие маленькие, всегда чувствуют, когда они кому-то небезразличны. В следующем, четвёртом, классе моя любовь к Ирине Райнер вспыхнула с новой силой. Удержаться я уже не мог и, рискуя остаться осмеянным со стороны более приземлённых одноклассников, добился того, что стал провожать Иру из школы, послушно таская её портфель-ранец. Райнер хоть и трогательно стеснялась, но принимала ухаживания, чему-то иногда загадочно улыбаясь.

Историю про тот злополучный снежок мы никогда не вспоминали.

Но наши невинные прогулки не могли остаться совсем уж без последствий.

И в один прекрасный день на моей деревянной парте появилась жирная, тщательно выведенная шариковой ручкой классическая надпись.

Я помню, как я первый раз смотрел на «пляшущие» буквы, и мои уши начинали непроизвольно краснеть.

Там, конечно же, было написано:

Серый + Ирка = Любовь.

Без поражений нет побед

Первый тренер для тех, кто посвятил свою жизнь спорту, — совершенно особенный человек. Быть может, это понимаешь не сразу, ведь там, в детстве, вряд ли об этом серьёзно задумываешься. Да, бывает по-разному, кому-то встречаются и недалёкие люди, пришедшие в спорт не по велению души, а из-за разнарядки, и в таких случаях, мне кажется, у их воспитанников немного шансов добиться чего-то в своём виде. Но в те годы, как правило, тренерами становились люди убеждённые, искренне болеющие за своих подопечных.

Мне повезло.

Невысокий плотный рассудительный и справедливый Геннадий Юрьевич Машьянов не только стал для меня первым спортивным учителем, но и в чём-то заменил так рано ушедшего в иной мир отца. Да, у меня постоянно был рядом старший брат, который всегда мог подставить плечо, но всё же взрослый человек с его жизненным опытом, понимающий педагог, был мне в те годы очень нужен.

Геннадий Юрьевич посвятил мне очень много лет, он был наставником и свидетелем моего становления как хорошего боксёра, он заложил в меня те базовые умения, которые впоследствии помогали мне побеждать на ринге. Он поехал со мной в Америку, чтобы первое время поддержать меня в моём нелёгком выборе. Сколько труда потратил этот человек, чтобы вырастить из меня хорошего спортсмена! И как сложно выразить то чувство благодарности, что я к нему за это испытываю.

Я сидел на холодном мате в углу нашего боксёрского зала, опустив голову. Это была короткая передышка в тренировке, мышцы на руках и ногах противно ныли от перенесённой нагрузки. Вставать не хотелось. Сейчас должны были начаться бои-спарринги, которые всегда заканчивали основную тренировку.

Внутри меня боролись противоречивые чувства. По натуре своей я всегда был упёртым, и какие-то неудачи никогда бы не смогли меня выбить надолго из колеи, но в этот раз всё было намного серьёзнее.

Я очень хотел побыстрее вырасти. Во-первых, чтобы стать ещё больше похожим на моего старшего брата, а во-вторых, чтобы побеждать всех на свете. Но как назло этот процесс шёл очень медленно. По утрам, глядя в большое зеркало, висевшее дома в нашей комнатке у двери, я изо всех сил напрягал свои неразвитые мышцы, сгибая руку в локте и сжимая кулак. Я рассматривал свой бицепс, и мне иногда чудилось, что он стал намного больше, но уже в следующую секунду я разочарованно выдыхал: скорее всего, это мне только показалось. Но почему мои мышцы почти не растут? Я ведь уже несколько месяцев занимаюсь боксом, да и у Сашки вон уже какие «банки»! Неужели хоккейный тренер был прав, и я больше не вырасту?! — беспокойно думал я.

Во время тренировок такие мысли отступали, было не до самокопаний. Надо было следить за дыханием, разучивать стойки, ставить удар. Отрабатывать до седьмого пота ОФП. Я глядел на более старших и развитых ребят с завистью. А на следующее утро снова с разочарованием смотрел в большое зеркало.

Но всё то, что со мной происходило в первые месяцы занятий, было только предысторией катастрофы. Настоящий крах ожидал меня после того, как, получив начальные навыки ведения боксёрского боя, тренер стал ставить меня на ринг. Это были пока ещё тренировочные бои, но и они значили для меня очень многое. Как я был горд, что теперь занимаюсь боксом! Как свысока смотрел на пацанов, выбравших другие виды спорта! И как даже в мыслях боялся представить, что меня может ожидать такой позор.

Всё дело было в том, что я проигрывал. Раунд за раундом, бой за боем. Я неистово махал перчатками, прыгал по ковру, уклонялся у канатов, но ничего не мог поделать с соперником. Рефери раз за разом поднимал после финального гонга чужую руку. Это просто убивало меня. После каждого поражения я исступлённо начинал с ещё большим рвением отрабатывать комбинации, но…

Сейчас, сидя на холодном мате, я подумал: «А зачем?».

Чтобы снова уходить с ринга с низко опущенной головой? Чтобы чувствовать незримое разочарование старшего брата, чтобы ловить на себе снисходительные ухмылки более успешных парней-боксёров? Я так не смогу… И что же делать? Уходить в лёгкую атлетику?

Машьянов подошёл, встал надо мной, внимательно рассматривая.

Я с трудом, но всё же поднял на него взгляд.

Тренеру ничего не надо было объяснять, он прекрасно видел всё сам.

— Я, конечно, могу тебя сегодня освободить от боя, — сказал он, озабоченно прищурившись, — но понимаешь ли, Серёжа, в чём дело. В жизни никогда нельзя только выигрывать. Без поражений не будет побед. Сколько у тебя уже боёв?

— Пять, — пробурчал я через губу, отводя глаза.

— А побед сколько?

— Ни одной, — я готов был в это момент провалиться под этот самый злосчастный мат.

— Вот видишь. И о чём это говорит?

— О том, что я не боксёр!

— Ничего подобного. Это говорит о том, что без поражений нет побед. И что твои победы ещё впереди.

— Да Геннадий Юрич!!

— Тихо, тихо, остынь…

Я зло отвернулся и стал смотреть в одну точку.

— Давай, Серёжа, с тобой договоримся так: ты проводишь ещё три боя. Не просто проводишь, а готовишься к ним как положено. Не пропускаешь занятия, отрабатываешь все упражнения на сто процентов. И поднимаешься на ринг. Если проиграешь, я не стану тебя держать, иди куда хочешь! В лёгкую атлетику, на плавание, хоть в кружок авиамоделистов. Но если хотя бы один выиграешь… Мы с тобой, вместе, начинаем записывать, отмечать в тетрадочке твой каждый следующий бой. И ты увидишь, что плюсиков на страничке будет становиться всё больше, а минусов — меньше. Знаешь, почему я так в этом уверен? Потому что я вижу в тебе задатки. Понимаешь, что это значит? Такие задатки, которых нет ни у одного в этом зале. Пусть ты невысок и худощав, но это не главное. А главное — воспитать характер настоящего бойца, боксёра. А для этого у тебя есть всё!.. — тренер помолчал, чтобы я успел осмыслить услышанное. — Ну что, по рукам?

В этот момент у меня заблестели глаза. От стыда, от того, что человек, которого я считал огромным авторитетом, так легко сумел «прочитать» мою слабость, но не стал из-за этого ругать, а напротив, поддержал. От стыда и от благодарности. Разумеется, я не собирался плакать или что-то в этом роде, уже тогда я считал это постыдным для парня. Я просто пожал протянутую руку и через пять минут уже остервенело колотил боксёрский мешок.

Излишним было говорить, что мой первый тренер оказался прав. В следующих семнадцати боях подряд я уходил с ринга победителем.

Граф Монте-Кристо

Давай тогда на вертолёты? — предложил Илюха Коржин, подмигивая попеременно обоими глазами. — Выгодная сделка!

— На какие ещё вертолёты? — засомневался я, подозрительно рассматривая предложенную серию марок.

— Зыковские, — принялся нахваливать товар Коржин. — С двумя лопастями вот тут есть, — он ткнул пальцем в альбом. — И грузовой. Самый большой в мире.

Мы оба увлекались филателисткой. В те времена мало кого из мальчишек не постигла эта участь. Коллекции марок были своеобразным показателем твоего статуса среди приятелей, хотя мы таких и слов-то раньше не знали. Короче говоря, у кого было больше интересных серий, тот и пользовался большим авторитетом среди ровесников как коллекционер. У меня лично было три альбома. Один для самых «элитных» марочных серий, второй — тематический и третий — для обмена. В него я откладывал повторяющиеся и похожие марки. Покупать целые серии было тогда не всегда легко и возможно, поэтому процветал обмен, одноклассники предлагали разнообразные варианты, стараясь за счёт этого улучшить свои «сокровища».

Сейчас Илья выклянчивал у меня «олимпийскую» серию. Подобных спортивных марочных коллекций у меня было шесть видов. Конечно, самые лучшие изображения «Москвы-80» я закрепил в своём «элитном» альбоме, а на обмен предлагал ему более простенькие, но всё равно замечательные. На них были запечатлены представители разных видов спорта, входящих в олимпийскую программу. Несмотря на то что таких серий было у меня много, расставаться даже с одной из них было жалко.

— Вот города ещё есть, — подобострастно заглядывал мне в лицо Коржин. Спортивных марок у него было мало, и он во что бы то ни стало хотел заполучить мою «резервную» серию.

Я усмехнулся. Менять «Олимпиаду» на «Города»? Это было смешно.

— Ладно. Последнее предложение! — прищурился Илюха. — Забирай вертолёты и «Африку». Шесть больших марок. Со зверями.

— Те самые, негашёные? — оживился я.

— Да. Если нет, я у Лапушкина спорт выменяю, он у меня «Африку» с руками оторвёт.

— Он, может, и оторвёт, да только у него про спорт отдельные марки, а у меня одной серии. А ты отвечаешь, что они негашёные?

— Отвечаю, как пить дать. Сам посмотри, — он раскрыл альбом на нужной странице.

Да, марки были неплохие. Большие размером, с яркими цветными картинками животных на фоне природы. Такая серия ценилась довольно высоко.

— И плюс вертолёты! — безжалостно напомнил я.

— Плюс вертолёты, — вздохнул Коржин.

Когда он ушёл, я некоторое время ещё любовался своими новыми приобретениями. «Африку» я разместил в «элитном» альбоме. Она очень эффектно легла между хоккеем и старинными машинками. Вертолёты же пошли по тематике, разбавив и без того большую коллекцию марок с разной техникой.

Довольный собой, я потянулся к полке, прибитой к стене над моим письменным столом. До тренировки было ещё часа полтора, самое время посвятить себя чтению.

А читать я очень любил. В основном, естественно, художественную литературу. Какой мальчишка в таком возрасте устоит перед книжными схватками трёх мушкетёров, приключениями на Таинственном острове или испытаниями Робинзона Крузо? Некоторые истории меня так захватывали, что я читал взахлёб, даже иногда нарываясь на усмешки Сашки, моего старшего брата, который обзывал меня «ботаником», что почему-то оскорбляло меня ещё больше.

В данный момент я был очарован романом о графе Монте-Кристо. По ходу чтения я то и дело ставил себя на место главного героя, несмотря на все страдания, которые ему пришлось пережить. Всё это я быстро «перематывал» в своих мечтах и останавливался на самом «сладком»: когда Эдмон Дантес уже богат и могущественен. И начинает осуществлять свою холодную месть, восстанавливая справедливость. Все роли недругов графа, которым в моём воображении, конечно же, был я собственной персоной, исполняли в основном мои одноклассники. А наиболее вредным из всей компании, тем самым бухгалтером, что в романе написал донос на Эдмона, мне представлялся почему-то наш учитель физики. Я припоминал одноклассникам какие-то мелкие неурядицы и вершил в своих фантазиях неминуемую справедливость, правда, не такую фатальную, как у Дюма. Я ограничивался лишь благородным внушением, «враги» и так понимали, что они были неправы и тягаться сейчас со мной им было невозможно. На месте Мерседес у меня всегда была Света Чугайкина, девочка с красивыми длинными волосами. Но это была тайна. Я никому об этом не мог рассказывать!

И вот, предвкушая новую порцию захватывающих приключений, а я уже перевалил за две трети романа, я потянулся к полке и… недоуменно отставил руку.

Книги не было!

Я не поверил своим глазам и быстро пробежался по корешкам стоящих рядом томов. Всё было на месте. И «Алые паруса», и «Одиссея Капитана Блада», и художественный альбом, и старый изрисованный учебник по геометрии. Но «Графа» не было.

«Как такое могло произойти?! — холодея душой, подумал я. — Украли?!»

Я прекрасно помнил, как сам лично поставил томик вчера днём на полку. Или нет? Или это было позавчера?!

Мысли у меня путались и перемешивались в голове, наскакивая друг на друга. Но с тех пор у меня был только Илюха Коржин. В том, что он не мог взять книгу без разрешения, я был уверен на сто процентов. Я доверял однокласснику как себе и знал, что он на это не способен ни в коем случае. Но тогда кто? Вор залез, пока никого не было дома? Я покачал головой — сомнительно, что он взял всего лишь одну книгу. Стоп! Может, она в моей спортивной сумке? Я иногда, правда, редко, мог взять какой-нибудь роман на тренировку, чтобы немного почитать по пути.

Я опрометью кинулся в прихожую и вывалил на пол содержимое сумки, перевернув её вверх дном. «Графа» в куче вещей не было!

Меня прошиб холодный пот — а что, если я её потерял?!

Тут в чём ещё было дело. Как назло книга была библиотечной. Если «Блад» и несколько других романов уже принадлежали мне лично, то как раз «Графа Монте-Кристо» я взял всего неделю назад в библиотеке. На титульной странице романа красовался большой фиолетовый штамп. И сдать её обратно было необходимо через четыре дня.

Хорошие книги тогда были большим дефицитом. Купить их в магазине было практически невозможно, как вариант, их обменивали на макулатуру. Надо было сдать не менее десяти килограммов бумаги, чтобы получить какой-нибудь интересный роман, и то не какой захочешь, а какой предложат. Именно так однажды мне достался «Шерлок Холмс» Артура Конан Дойля. Но читать хотелось не только его, а всё и сразу. Поэтому большинство книжек приходилось брать в библиотеке. И потерять такую книгу… это… я не знаю… это был конец жизни. Мало того что за такую потерю меня бы мама прибила, так ещё пришлось бы платить большой штраф. Это был полнейший позор.

Я беспомощно огляделся по сторонам. Ну где же ещё она может быть?

И принялся обыскивать всё, что только можно — шкафы, холодильник, посмотрел за шторами и под диваном. Книги нигде не было!

Совершенно опустошённый, я сел за свой стул и в полном отчаянии уронил голову на раскрытую тетрадку по математике.

За спиной раздались шаги, и в комнату энергично зашёл Александр.

— Всё дрыхнешь? — задорно поинтересовался он, ставя мне лёгонький подзатыльник. — Так и тренировку проспишь!

— Не просплю, — хмурым голосом буркнул я. Рассказывать о причинах своего похоронного настроения я всяким обзывальщикам не собирался.

— Ты посуду нашу на кухне помыл? А то влетит от мамки вечером.

— Сам мой, —на диалог я был не настроен. Какая может быть посуда в такой ситуации! Посуда, по сравнению с моей катастрофой, это просто цветочки.

— Ну-ну, — усмехнулся брат. — Да, кстати, я тут твою книжку брал на время, помогал Макеевой сочинение писать по литературе, она как раз по Дюма себе тему взяла… — и он жахнул по столу тем самым моим «Графом» и добавил: — Не кипи только, мы аккуратно с книгой обходились.

А что. Я не кипел. Я был почти спокоен.

— Ты почему без спросу взял, а?! — заорал я как резанный и подступил к брату почти вплотную. — Почему мои вещи берёшь?! — от переизбытка волнения я перешёл на фальцет.

— Э-э-э, — брат предусмотрительно отодвинул меня от себя руками на некоторое расстояние. — Книга не твоя, вообще-то, а библиотечная!

— Всё равно я сам брал, а не ты! — я всё ещё был готов броситься на него с кулаками.

— Зато человеку уроки сделать помогли, — примиряюще сказал брат, в глубине души, видимо, чувствуя свою некоторую вину.

— Дурак! — никак не мог успокоиться я. — И Макеева твоя дура!

Больше я с Сашкой в этот день не разговаривал. И графом Монте-Кристо себя перед сном не представлял.

«Левша» против «правши»

До спортивного интерната полчаса на метро. Я прислоняюсь лбом к стеклу и смотрю на пролетающие мимо стены тоннелей подземки, смазанные огни, тянущиеся вдоль путей кабели. Разглядываю яркое и блестящее убранство подземных станций. Под монотонный гул набирающего ход поезда хорошо мечтается, а мягкие покачивания вагона на стыках ласково убаюкивают, погружая в сладкую дрёму. Мне думается о будущих победах, и хоть я сейчас здесь, в вагоне, но мысленно уже рвусь на ринг, мне не терпится натянуть перчатки, нырнуть под канаты и, дождавшись команды рефери, занять начальную стойку. Я представляю себя, как любой мальчишка, только победителем. Там, в мечтах, всё происходит легко и непринуждённо. Раз — и ты уже стоишь на пьедестале, купаясь в лучах заслуженной славы. Я не осознаю, сколько придётся потратить сил, чтобы приблизить заветный момент. Ведь ничто не приходит в этой жизни просто так. Тем более в спорте, где нельзя показать лучшие результаты по протекции или выиграть первенство по блату. Только труд, выматывающие тренировки, сборы, соревнования и снова тренировки. Пот, боль, усталость. Ради того незабываемого мига, когда ты оказываешься на самой вершине. Ради детской мечты.

Шум подземки для меня привычен. Он существует параллельно со мной, как важный атрибут ежедневной дороги. Я предпочитаю его натужному рычанию автобуса или неторопливому бренчанию трамвая ещё со времён первых занятий в «Динамо». От остановки наземного транспорта до комплекса было ближе, чем от станции метро, но я всё равно, закинув сумку со спортивной формой на плечо, спускался под землю. Потому что в летящем вагоне я чувствовал себя в правильном ритме жизни. Разгоняющийся поезд давал мне ощущение скорости, которое было сродни моему нетерпению. Быстрее, быстрее! И после, выбравшись на поверхность, я почти всегда шёл очень быстро, иногда даже бежал, спеша на тренировку.

В ШИСП мы и учимся, и тренируемся. Причём, в отличие от обычных образовательных школ, в интернате два последних учебных года нам растянули на три. Это время первых серьёзных спортивных достижений, которых невозможно добиться без практики и соревнований. А это означает периодические сборы и выезды. Какая уж тут в таком режиме целенаправленная учёба. Но успеваемость у меня почти не хромает, я твёрдый «хорошист». Придёт время, и я окончу школу со средним баллом в аттестате — 3.8. Что даже выше, чем у моих сверстников-«неспортсменов» из нашего двора.

Несмотря на то что учимся и тренируемся мы по интернатовскому расписанию, ночую я, как правило, дома.

В нашем классе несколько ребят из соседних городков, им сложнее. Каждый день туда-сюда не успеть. Для них от ШИСП через дорогу есть нечто вроде общежития с маленькими комнатками, где можно переночевать. Мне тоже иногда приходится оставаться, но только тогда, когда ожидается какой-нибудь учебный аврал — четвертная контрольная или диктант.

Как раз в период времени учёбы в интернате мы с тренерами решаем неожиданно возникшую проблему. Потому что выясняется: я левша. Удар с левой у меня сильнее, да и в целом в правосторонней стойке мне комфортней боксировать. Вот незадача! У Александра таких противоречий нет. Он, как все нормальные люди, работает в обычной стойке. Я тоже в ней работал до последнего момента. Потому что для меня Саша на ринге был примером. Хочешь не хочешь, я машинально перенимал его манеру боя, во все глаза наблюдая за его движениями. И до последнего времени у меня неплохо получалось!

Машьянов пытается поставить меня «наоборот», выставив вперёд правую ногу и плечо. Но мои уже закреплённые навыки противятся этому. Какое-то время я боксирую на тренировках попеременно и так, и эдак. В обсуждениях со вторым тренером, Игорем Лебедевым, принято решение оставить мне базовой левостороннюю, нормальную стойку. Но продолжать нарабатывать и стойку для левши. Забегая наперёд, скажу, что эта моя особенность сыграла мне добрую службу. Впоследствии я часто менял базовую стойку прямо во время боя, самостоятельно, без подсказки тренера, принимая такое решение. Соперника это часто обескураживало. Он никак не мог приноровиться к моему меняющемуся стилю боя и терял все свои козыри. Благодаря такой смене тактики я выиграл довольно много поединков. Что вы хотите — динамовская школа!

Кстати, не зря нас с Александром считали приверженцами именно этой так называемой ленинградской динамовской или просто динамовской школы. Это был отдельный, узнаваемый стиль боксирования, за которым стояли, без преувеличения, великие специалисты[1]. Чтобы демонстрировать на ринге все элементы техники, требовалось применять всё то, чему нас учили. Мы — и я, и Александр — обладали отличной реакцией, исключительной работой ног, владели разными комбинациями и неплохим арсеналом обманных движений. Главный принцип победы был один — заставить соперника своими действиями делать то, что нужно тебе. Неудивительно, что в этом случае противник даже не всегда

---

[1] В первую очередь Григорий Филиппович Кусикьянц, тренер Валерия Попенченко, олимпийского чемпиона в Токио в 1964 году, который удивил всех новой агрессивно-силовой манерой боя в непривычной и отличной от классической стойке — с опущенными до пояса руками. Будучи проводником такого новаторского стиля, Кусикьянц воспитал в своё время целую плеяду великолепных боксёров динамовской школы (Юрия Коноплёва, Бориса Опука, Виктора Егорова, Леонида Пивоварова, Николая Сигова, Важу Микаэляна, Игоря Лебедева, Сергея Рыбашлыкова и многих других). Григорий Филиппович говорил так: «Сильных боксёров много, а умных мало».

понимал, откуда для него прилетел разящий нокаутирующий удар. А когда понимал, было уже поздно.

Да, мы с Александром были похожи. Мы обучались у одних и тех же тренеров, владели сходными стилями боя, оба стремились добиться высоких результатов. Но были у нас и отличия. Я был выше и крупнее, любил и умел работать долгими энергичными сериями по классике. Александр же иногда отдавал инициативу сопернику, работая вторым номером, но потом мог нанести неожиданный решающий удар «непонятно откуда». Не зря коллеги по-дружески обзывали его «корягой». Что не помешало ему, однако, отправиться как представителю ленинградской динамовской школы в составе сборной СССР на олимпиаду в Сеуле в 1988 году.

Мимо окна поезда метро проносится серая мелькающая лента. Я одновременно вспоминаю прошлое и обдумываю настоящее. Конечно, кроме спорта и учёбы, у меня есть и какая-то личная жизнь. Сейчас мне не даёт покоя темноволосая девушка из 11-А. Подумаешь, всего на два года старше. Хотя в таком возрасте эта разница кажется катастрофической. Она вроде бы гимнастка? Ведь в интернате учатся не только боксёры, а подающие спортивные надежды юноши и девушки, занимающиеся самыми разными видами спорта.

Продолжая прикасаться лбом к стеклу, я пытаюсь представить её облик. Высокая, стройная, с вьющимися недлинными волосами. Я ничего о ней не знаю. Я видел её всего несколько раз в школьных коридорах, но, если б можно было, не отводил бы от неё глаз.

В пятницу вечером в ЦПКиО заработает танцплощадка. Мы с Мишкой Фёдоровым и Серёгой Абрамовым собираемся туда пойти, пока просто поглазеть, послушать музыкантов, почувствовать себя чуть взрослее, чем мы есть на самом деле. Вот бы и она, та девушка, туда пришла! Хотя наверняка, если такое фантастическое событие случится, она будет с каким-нибудь кавалером. А это ещё хуже! Да и от всевидящего ока старшего брата как-то надо улизнуть. После того как он стал мужской главой семьи, он следит за моим поведением будь здоров! Как будто не понимает, как будто сам не был в таком возрасте. Всё опасается, что мы свяжемся со шпаной, и, давя своим авторитетом, зарубает на корню все наши приключенческие прожекты. Эх… Так ведь и никакой личной жизни у меня может не случиться!

Я хмурюсь от этих мыслей, отклеиваюсь от окна поезда и оглядываю полусонных ранних пассажиров. Остановить взгляд не на ком, в лязгающем покачивающемся вагоне метро нет никого, на ком бы хотелось задержать своё внимание. И уж совершенно точно в нём нет той самой девочки из 11-А.

Дай списать

Учился с нами некий Боря Овчинников. Наверное, в каждом классе есть подобный зубрила. И неудивительно, что чаще всего он оказывается отличником. Точно так произошло и у нас. Был этот Борька высоким, худощавым, пронырливым; носил, как и положено отличникам, очки. Слишком уж он был по нашим понятиям правильным. Частенько сдавал нас, проказников, классной руководительнице, за что имел, надо полагать, от неё отдельные «плюшки». В школе мы нередко шалили. Не сиделось нам на месте. Но отъявленным хулиганом я никогда не был. Как ни странно, занятия боксом дисциплинировали. Если в младших классах я без раздумий пускался в самые разные авантюры, то после того как стал ходить на занятия в «Динамо», подбить меня друзьям на что-то «противозаконное» стало труднее.

Учёба давалась мне без особого труда. Проскальзывали у меня и тройки, но их было не больше чем пятёрок. А в основном я был заядлым хорошистом.

Инцидент произошёл на переменке перед ботаникой. Нас с Серёгой Адамовым и ещё одним моим хорошим приятелем Ильёй Коржиным запустили в кабинет раньше, чтобы мы подготовили помещение к уроку. Так случилось, потому что мы всю эту неделю были дежурными. Нам следовало протереть доску, намочить и выжать тряпку, которой с этой доски будут стирать наши меловые каракули, прибрать бумажный мусор. Кроме нас в классе никого не было, если не считать сидевшего за первой партой Борьки, который повторял урок. Он часто так делал: да уж, тяжела была жизнь зубрилы! Мы на него никакого внимания не обращали, привыкли. Учительница ушла куда-то по делам, и мы вместо уборки решили проверить мой собственноручно сделанный накануне самострел. Выглядел он впечатляюще. На продолговатой дощечке я закрепил жгут, с другой стороны которого вырезал вроде маленькой люльки — туда закладывался снаряд. К противоположному концу дощечки была приделана бельевая прищепка. Расчёт был простым. Пулька в виде камешка закладывалась в люльку, жгут натягивался, то есть самострел взводился, и снаряд помещался в выемку прищепки. Теперь стоило её раскрыть — и камешек стремительно выстреливал вперёд.

В качестве цели решили использовать наглядное пособие, схематично представляющее собой соцветие растения с пестиками и тычинками. Нам представлялось, что оно очень прочное и не расколется от какого-то там камешка.

Цветок сняли с полки и установили на учительский стол.

Я уверял, что дальнобойность самострела превосходит размеры кабинета, и что я попаду в пестики и тычинки даже с последней парты. Адамов поднял меня на смех и заявил, что он неуверен в поражении цели, даже если я сяду рядом с Овчиной.

Илюха разнял нас, готовых уже сцепиться в рукопашной, и предложил компромисс. Он призвал меня пулять в пособие с третьей парты. Если я попадаю, то Адамов кукарекает после уроков перед всем классом пять раз. Если мажу, кукарекаю я.

Спор решили разрешить немедленно. Я устроился за партой на центральном ряду, прицелился и… Можно сказать, что выиграл спор. Правда, камешек, выпущенный мной, наглядное пособие не опрокинул, а отрикошетив от его гладкого бока, ушёл вверх и со всего маху впечатался в лампу дневного освещения на потолке. Раздался звонкий хрук, брызнули осколки. Борька от испуга и неожиданности так сильно вздрогнул, что даже немного подскочил на месте, а мы трое втянули голову в плечи.

— Ё-ка-лэ-мэ-нэ, — протянул Адамов, растеряно мигая глазами.

— Чё застыли-то? — попенял нам Коржин. — Нам же сказали мусор убрать, вот сейчас и уберём.

Мы лихорадочно принялись сметать в совок разлетевшиеся по всему кабинету осколки, надеясь, что разбитую лампу сразу не заметят. Во-первых, она была на потолке не одна, а во-вторых, на улице было светло и включать её пока не требовалось.

Частично наш расчёт оправдался. Ботаничка пришла какая-то озабоченная, урок вела рассеяно, ей явно было пока не до ламп.

Гром грянул на алгебре, которую вела наша классная руководительница.

— Артемьев, Адамов и Коржин, дневники на стол, — не терпящим возражений тоном приказала Людмила Степановна в самом начале урока. — Поведение — кол! А за порчу общественного имущества в кабинете биологии получите дополнительное наказание.

Мы тут же переглянулись.

Теоретически могла наябедничать и ботаничка, но… мы, не сговариваясь, посмотрели на Овчину. Тот сидел весь сгорбленный, скукоженный какой-то, с опущенной головой и делал вид, что ничего особенного не происходит.

После уроков решили разобраться. Подбили меня на это действие оба моих подельника. Я, хоть и с большой неохотой, но им уступил.

Мы подкараулили Овчинникова за забором школы и припёрли к стенке.

— Эт-то ботаничка рассказала классухе! — сразу запричитал он, вяло пытаясь высвободиться.

— Не ври! — пригрозил Илья. — Она ушла из школы сразу после нас, у «А»-шек даже урок отменили!

— Я.. я… не знаю, — залепетал уличённый Борька.

— Снимай очки, тебя сейчас Серёга поучит солидарности с трудящимися, — продолжил Коржин. — Ты же знаешь, он боксом занимается, так что всё по-честному — драться будете один на один.

Овчина стал дрожать. Так мелко-мелко, неприятно.

Мне, если честно, стало его жалко.

— Да пёс с ним, — сказал я, натянул Борьке шапку на окуляры и этим ограничился. — Пусть живёт. Айда дальше самострел испытывать, на улице ламп нет!..

Но закончить эту забавную историю я хочу другим эпизодом.

Буквально через пару дней у нас была контрольная по алгебре. По теме «Формулы сокращённого умножения». И почему-то мне эта самая тема далась особенно легко. Всё мне было понятно, и я даже к четвертной проверке особо не готовился. И надо же было такому случиться, что нашла коса на камень. Нет, не у меня, а у Борьки. Вы наверняка знаете, что для круглого отличника любая четвёрка — это кошмар, позор и ужас. Вот и Овчинников был точно таким. Но все мы живые люди. Заклинило что-то у парня в мозгах как раз на этой самой контрольной. Не может решить два задания — и всё тут! А три выполненных из пяти — это даже не четвёрка, это тройбан! А тройбан для такого, как Боря, — приговор на эшафот. Когда он ко мне украдкой обернулся — а сидел я аккурат за ним, на второй парте, я его не узнал даже. В глазах какой-то безумный блеск, пот по вискам течёт чуть ли не ручьём. А у меня, наоборот, настроение отличное, я все задания сделал уже и в окно смотрю на птичек, что на ветках тополя перед школой расположились.

— Дай списать, — говорит тогда Овчина задушено так, неестественно кривя рот.

Я думал, ослышался.

А Борька вот-вот расплачется.

Можно было бы припомнить его реакцию на аналогичные просьбы с моей стороны. Я поначалу ещё питал иллюзии, но у такого снега зимой не допросишься, и я давно уже с просьбами о списывании у Овчинникова завязал. А ему деться реально некуда. У соседа по парте другой вариант, а никого, кроме меня, в доступном ему окружении нет!

И опять я над ним сжалился. Пододвинул листочек, чтобы он формулы срисовал. Успел он всё сделать почти под самый звонок.

А через два дня, когда объявляли результаты четвертной контрольной, классуха дошла до нас с Борькой и говорит: «Очень похожие работы мне сдали Овчинников и Артемьев. Есть подозрение, что Сергею кто-то помог, но так как никаких доказательств этого у меня нет, я ставлю обоим по пятёрке.

Видели бы, как начал краснеть в этот момент Овчина. Он просто на глазах налился такой помидорной краской, что я стал опасаться, вдруг он лопнет от стыда.

Но ничего. Выдержал. Не спалился. Ну хотя бы больше никогда не ябедничал.

Настоящий чемпион

Первый раз я попал в Москву, конечно же, благодаря соревнованиям. Было мне в тот момент почти пятнадцать.

В те времена для любого советского школьника, да и взрослого человека, столица представлялась городом особенным. Красная площадь, ВДНХ, ГУМ — эти названия и аббревиатуры не надо было дополнительно расшифровывать. Однако мне в тот раз было не до экскурсий и достопримечательностей. Спортивный режим! Правда, на Красной площади я всё же побывал и вместо ожидаемого торжественного вдохновения, если честно, ничего особенного не испытал. Ну да, брусчатка, мавзолей, нарядные милиционеры. Ничего такого. У нас в городе были места и поинтереснее, и покрасивее.

В составе сборной Ленинграда мы с Машьяновым и Алимом Сергеевичем Шамировым приехали в Москву, потому что там проходила финальная часть первенства СССР по боксу среди школ-интернатов спортивного профиля. Я представлял свой родной город. На соревнования съехались юные спортсмены со всего Союза, включая республики.

Мы с тренером посмотрели первые два боя с трибуны. Ребята на ринге работали очень неплохо. Всё же, несмотря на возрастную категорию, это было всесоюзное первенство, куда отобрались лучшие. В этот момент я, может, впервые в жизни чётко осознал свою ответственность. Сейчас я был не просто боксёром-одиночкой, я представлял свой родной город и свою родную ШИСП. Геннадий Юрьевич тут же уловил некоторое моё предстартовое волнение и успокаивающе похлопал по плечу.

По турнирной сетке в первом туре мне попался энергичный паренёк из Иркутска. Чтобы дойти до главного финала, мне предстояло победить не только его, но и ещё троих. Но так далеко я не загадывал. Помнил наставления тренеров: решай насущную задачу, не говори «гоп», не заглядывай за головы.

Насколько мог, я постарался собраться. Но всё же от уровня первенства — а выступать на таких соревнованиях мне раньше ещё не приходилось — коленки чуть подрагивали. Этот мандраж сказался на моих действиях после команды рефери, разрешающей бокс. Иркутянин бросился в атаку, а я не очень ловко отбивался, отходя к канатам. Но, как выяснилось, запала паренька хватило только на первую минуту. К середине раунда я уже начал перехватывать инициативу, а к концу сам провёл несколько разящих атак. Во втором раунде моё преимущество было подавляющим. Я полностью вошёл в рабочий ритм и претворял на ринге все установки Юрьича. У меня это настолько органично получалось, что я на практике убедился в справедливости нетленного суворовского «тяжело в ученье, легко в бою». Я гонял соперника по углам и заставлял расходовать последние силы. В третьем раунде такая тактика принесла мне заслуженные плоды. Иркутянин окончательно выдохся. Когда прозвучал гонг, он едва держался на ногах. Моя победа ни у кого, включая судей, не вызвала никакого сомнения.

— Ты сильно-то не расслабляйся, — напутствовал Машьянов позже в раздевалке перед следующим боем. — Ребров — москвич, а они, сам знаешь, своих могут и за уши подтянуть. Да и техника у него неплохая. Близко не подпускай, используй длину рук, работай на средней дистанции.

Но Геннадий Юрьевич беспокоился зря. Я уже поймал тот самый азарт, который помогал мне чувствовать себя уверенно. Благодаря ему я рвался в бой, стремясь раз за разом доказывать, что я лучший.

В этот раз никакого предстартового мандража у меня уже не было. Может, этот самый Ребров и правда был технарём, но я не дал ему это продемонстрировать в полной мере. Потому что москвич только защищался. Я работал комбинациями, сериями. Заставлял соперника закрываться, не давал ему свободного пространства и возможности передохнуть. Я стал на ринге боевой машиной, не знавшей ни усталости, ни жалости. Подогрело меня ещё и то, что судья-информатор объявил в перерыве на весь зал в микрофон: «Сегодня боксёру в синем углу, Сергею Артемьеву, исполняется пятнадцать лет. Поздравляем его и сообщаем, что, по результатам соревнований, ему присвоено звание кандидата в мастера спорта!» И вся публика восприняла это объявление с большим воодушевлением. Болельщики повскакивали с мест и устроили мне овацию. «Сергей! Сергей! — скандировали они. — Побеждай! Побеждай!» Не скрою, это было безумно приятно, и у меня просто крылья за спиной выросли. После такого у москвича Реброва не осталось ни единого шанса. Я вышел на второй раунд предельно «заряженный» и в конце довёл дело до логического завершения. Провёл мощный левый боковой, который соперник прозевал. Удар получился внушительный — у Реброва застеклenели глаза и подкосились ноги. Тут же подскочил рефери и, верно оценив ситуацию, начал отсчёт.

Я вполуха слушал, нетерпеливо пританцовывая, чтобы не выключаться из боя.

— Восемь! — произнёс судья и ещё раз глянул в глаза Реброву.

Это был нокдаун.

В полуфинале мне достался украинец, вроде бы из Харькова. То, что я помню это очень неотчётливо, объясняется довольно просто. А именно тем, что я с этим соперником так и не встретился на ринге. Случилась забавная, если не сказать курьёзная, история. Тренеры этого самого украинца смотрели мой предыдущий бой с Ребровым. Они настолько впечатлились моим выступлением, что, здраво рассудив, поняли: вариантов у их подопечного против меня нет. Тот до полуфинала-то дошёл во многом благодаря случайности.

А попасть под такой град ударов да ещё, не дай бог, закончить нокаутом в их планы явно не входило. И, презрев спортивный дух, они решили от боя отказаться от греха подальше. Придумали какую-то там техническую отговорку и попросту не выпустили его на ринг.

— Вот хитромудрые, — восклицал Юрьич, когда узнал об истиной причине отказа харьковчанина от соревнований. — Только с таким багажом далеко не уедешь. Один раз отказался, потом второй… Будет так трястись постоянно и по взрослым. Хотели как лучше, поберечь якобы, а на самом деле яму парню вырыли.

Пока мы ждали соперника, я успел два раза «перегореть», но в итоге Юрьич отправил меня отдыхать и настраиваться на следующий поединок. Так мы прошли в финал «малой кровью».

Бой, в котором решалась судьба первенства среди школ-интернатов, собрал полный зал зрителей. Я к такому пока ещё не привык.

— Не обращай внимания и не отвлекайся по пустякам, — напутствовал меня тренер. — Твоё дело победить противника, а не перед залом красоваться.

Я кивал, нетерпеливо переминаясь в синем углу. Публика, кстати сказать, была вполне дружелюбная и поддерживала совсем ещё молодых боксёров от души.

Против меня на ринг вышел Миша Майский, представляющий Саратов. Он был чуть пониже меня, но коренастее, что и позволяло нам быть в одной весовой категории. Смотрел на меня Михаил хмуро, исподлобья, что для таких юных лет выглядело скорее комично, чем устрашающе.

— Бокс! — крикнул рефери и отошёл назад, открывая нам оперативный простор.

Я, следуя наставлениям Машьянова, начал «прощупывать» соперника издалека. «Не лети сразу, — сказал мне перед боем Юрьич. — прочувствуй его с дистанции. Успеешь ещё насовать. Будь умнее. И за ногами следи. Не забывай всё то, что учили!»

Хоть мне не терпелось показать себя с первых секунд, благоразумие всё же пересилило. Первый раунд прошёл в обоюдной разведке и по всем показателям был ничейным.

— Всё в порядке, — одобрил Машьянов, обмахивая меня полотенцем в перерыве. — Не кипи. Начинай потихоньку его раскачивать.

В самом начале второго раунда Майский получил нокдаун. Он лишь чуть-чуть сплоховал, открылся на мгновение, и я тут же этим воспользовался. Миша пропустил чувствительный удар, судья досчитал до шести и разрешил продолжить.

В третьем раунде я провёл ещё несколько результативных атак. Машьянов довольно улыбался в свои усики. Исход поединка был очевидным.

Я впервые в своей жизни стал Настоящим Чемпионом. На официальном первенстве школ-интернатов спортивного профиля. В Москве, в 1985 году.

Когда меня поздравляли и вручали медаль, я ощутил ни с чем не сравнимое чувство спортивного счастья. Пусть кратковременного, но настолько пронзительного, что ты забываешь обо всём, что этому предшествовало. Забываешь про пролитый на тренировках пот, про набитые синяки и шишки, про отсутствие свободного времени. Ради такого не жалко ничего. Это тот выбор, который мы делаем, приходя в большой спорт. И именно в этот момент, на пьедестале, я впервые отчётливо осознал, что мне с этим самым спортом всегда будет по пути. Потому что мне захотелось ощутить чувство победы ещё раз. И ещё. И ещё много-много раз.

Перестук колёс

Я вновь прислушиваюсь к перестуку колёс. В этот раз не метро, а обычного поезда.

Их будет очень много, этих переездов, такова уж жизнь спортсмена.

Я мечтаю, как буду путешествовать, как когда-нибудь увижу необыкновенные страны. Я ещё не подозреваю, как близко моё самое главное и большое путешествие. Пройдёт всего несколько лет, и я окажусь далеко-далеко от этого места, за океаном.

Но пока наши выезды не очень далеки. Это сборы или соревнования в Ленинградской области или ближайших городках. Но мы всё равно рады. Это всегда новые и по-детски яркие впечатления.

Первый запоминающийся выезд — Гомель, Белорусская ССР.

Как обычно, в пути не обходится без дополнительных приключений.

Почему-то в поезде не оказывается нашего вагона, с билетами происходит какая-то неразбериха, сопровождающие нас тренеры озабоченно бегают по кассам, разыскивая администрацию вокзала. В результате переполоха вагон нам всё же выделяют, но он запасной, это заметно даже по внешнему виду. Мы с опаской карабкаемся по шатающимся ступенькам и, выдыхая клубы морозного воздуха, пытаемся разместиться в плацкартах. Проводница из соседнего вагона (в нашем проводника попросту нет) успокаивает нас, что после того, как тронемся, затопит печку. Кроме этого, вскоре выясняется, что и постельного белья хватает не на всех. Зато есть скрученные в рулон матрасы, засунутые на третьи полки. Их, матрасов, почему-то очень много, гораздо больше чем нужно. Пока мы достаём их с верхотуры, поезд отбывает, вагон начинает жалобно скрежетать, набирая ход. Некоторые окна подёрнуты паутиной разбегающихся трещин, а в крайнем плацкартном закутке возле туалета и вовсе уголок стекла выбит — в дыру врывается колючий зимний воздух.

Наши сопровождающие уходят ругаться (в этот раз уже с начальником поезда), но их претензии бесполезны, нам приходится как-то устраиваться в таких спартанских условиях.

Избыток матрасов используем с толком — чтобы окончательно не продрогнуть, закутываемся в них перед сном, используя два, а то и три. Несмотря на экстремальные условия, по вагону летают шутки и прибаутки, то и дело слышится радостный смех. Что с нас взять — отчаянная юность!

Проникшись весельем, я перед сном вспоминаю почему-то летний спортивный лагерь, общее построение ранним утром. На улице жара, выстроившиеся в шеренги пацаны в шортах и майках.

Начальник лагеря сурово оглядывает ряды подопечных. Галдёж и многоголосый гул под его взглядом постепенно стихает.

— У нас случилось ЧП! — трагическим голосом сообщает он. — Даю слово шеф-повару.

На оперативный простор плаца выдвигается дородная женщина в форменном поварском халате. Для полного отождествления с образом ей не хватает только половника в руке.

— Вчера из летней кухни, — говорит она, всем своим видом выражая крайнюю степень возмущения, — пропал чайник! Немедленно признайтесь, кто это сделал, и верните инвентарь!

— Слышали? — грозно повторяет директор и добавляет: — Сейчас же верните чайник!

Перед нами, боксёрами, в первых рядах стоят баскетболисты, в том числе и Славка Чайкин, мы уже все перезнакомились и знаем друг друга по именам. Его друзья неожиданно выталкивают Славку вперёд, тот испуганно пятится, но натыкается на вытянутые руки.

— Вот ваш чайник! — выкрикивает кто-то и через несколько секунд на плац обрушивается ураган смеха.

Все знают, что у Славы Чайкина кличка Чайник.

Смеются все, кроме директора и шеф-повара. Я хохочу, надсаживаясь, ухватившись за своего дружка, чтобы не упасть, ситуация мне кажется просто феерически весёлой.

«Верните чайник!» — «Вот вам Чайник!»

Ахахахахахах!

Я так проникаюсь воспоминанием, что начинаю тоненько хихикать и сейчас, укутавшись в матрас и выдыхая ртом пар от холода.

Утром выясняется, что на откидном столике в гранёном стакане замёрзла вода, а в тамбурах намело настоящие сугробы. Но мы бодримся, самое сложное позади, днём должно стать теплее. В итоге мы прибываем на соревнования как никогда бодрые, в полной боевой готовности. Никто из нас не простудился, и вся команда рвётся в бой. Общая победа за нами, я тоже вношу в неё свой вклад, хотя меня ставят в пары с более тяжёлыми, килограмма на два-три, соперниками. Мой вес двадцать семь килограммов, а у них — двадцать девять или даже тридцать. Так происходит от того, что среди боксёров других команд нет таких маленьких.

— Работай, работай… — подбадривает меня Машьянов, обмахивая полотенцем в перерыве между раундами. — Короткими сериями. Раз-два-три, раз-два три…

Я киваю, пытаясь отдышаться и притоптывая от нетерпения ногами. Скорее бы гонг, и я покажу, на что способен.

Разница в возрасте и весе с соперником даёт о себе знать. После каждого неудачного раунда мы разбираем с Геннадием

Юрьевичем ошибки, намечаем, где надо подтянуть технику, на что обратить внимание на тренировках.

После того как у меня тогда, после череды поражений, мелькнула мысль закончить с боксом, больше ко мне она не возвращалась. Может, потому что я уже по-настоящему увлечён спортом, а может, из-за того, что столбик с записями побед, который я скрупулёзно веду в своей тетрадке, всё растёт.

В январе 1985 года я получаю звание к. м. с.[1] Мне всего пятнадцать лет, и Машьянов с Лебедевым признаются, что не помнят таких прецедентов. Теперь спорт уже окончательно становится смыслом моей жизни, я начинаю понимать, что выбрал этот путь неслучайно, что я должен продолжать, что в этом моё будущее. Но я понимаю и другое. Что у каждой победы есть цена. И что в боксе, как и в любом виде спорта, требующем полной физической мобилизации, мелочей не бывает.

В июле 1986-го, на первенстве СССР среди юниоров, я уступаю в полуфинале. Я слегка подавлен, поражения случаются у меня всё реже, и каждое воспринимается болезненно. Хотя у меня есть объективная причина. За два дня до боя мне сделали глубокий массаж, который вместо придания тонуса почему-то «размягчил» мои мышцы. Такое их состояние не могло не сказаться на моей физической форме. Но из-за упрямства и юношеской бравады делал вид, что всё в порядке. Утром почувствовал себя, как мне показалось, лучше, но до поры до времени. На ринге реакция наступала с опозданием. Я проиграл этот бой, потому что боксировал хуже.

Конечно, я никак не мог знать, что похожая ситуация, только с несравнимо большим эффектом и в гораздо более значимых обстоятельствах, через семь лет поставит крест

---

[1] Кандидат в мастера спорта.

на моей профессиональной карьере и едва не поставит крест на моей жизни.

Вспомнить бы мне тогда, перед последним боем в «Тадж-Махале», этот случай, задуматься бы о возможных последствиях…

Но все мы крепки задним умом.

Все мы безрассудны и отчаянны. Мы не хотим думать о страшном или плохом. Особенно в молодости.

А пока, тут в 1986-м, я хмуро взбираюсь на третье место пьедестала после объявления судьи-информатора. Идёт церемония награждения, милая девочка вешает мне на шею бронзовую медаль на ленточке. Раздаются негромкие аплодисменты, чуть поодаль группкой стоят специалисты, с трибуны хлопают некоторые зрители.

Первое место сегодня за парнем из Казахстана, Нурланом Нургалиевым. Он довольно щурит свои миндалевидные глаза, купаясь в лучах заслуженной славы. Парень, которому я проиграл в полуфинале, сибиряк, Гриша Кочевников. Он поворачивается ко мне на своей второй ступеньке пьедестала, подмигивает и, наклонившись, произносит вполголоса — «Серёга, все знают, что на его месте… — он кивает на казаха, — …должен быть ты!».

Мне очень лестны его слова, но осознав их, я понимаю другое, более важное. Нельзя быть победителем заочно. Каждый раз, каждый бой нужно доказывать своё превосходство. Сегодня это сделал Нурлан и по праву стал чемпионом. И чтобы оказаться на его месте, мне придётся показать в будущем, на что я способен. Показать, кто на ринге лучший. В этом заключается смысл соревнования. И это справедливо и правильно.

Забегая наперёд, скажу, что за свою боксёрскую карьеру на всех турнирах, в которых учувствовал, я всегда был на пьедестале: один раз занял третье место, один раз — второе, а в остальных победил.

Я — боксёр

Я часто задумываюсь, когда я ощутил себя настоящим боксёром, когда понял, что бокс это не только моё увлечение, но и образ жизни?

Особенно остро такие размышления накатывают на меня, когда я вспоминаю былые годы, беру в руки старенький тяжёлый альбом с фотографиями и открываю массивную обложку.

И почти каждый раз отвечаю на свой вопрос по-разному.

В самом деле, жизнь тонкая штука, она соткана из наших эмоций и впечатлений. Порой очень яркие переживания остаются лишь кратковременными вспышками, а с годами тускнеют и вспоминаются уже с трудом. Бывает и наоборот: что-то не такое уж, на первый взгляд, значительное по прошествии времени приходит к тебе в воспоминаниях всё чаще, наполняясь новым смыслом. И тогда ты понимаешь, что это самое событие вело тебя по твоей судьбе и не позволяло свернуть в подворотню.

Когда я ощутил себя настоящим боксёром?

Вполне возможно, что на одном из самых первых занятий в ДЮСШ. Именно тогда, когда надел боксёрские перчатки, а товарищ помог мне зашнуровать их на запястьях. Я ещё ничего не умел, не знал, как двигаться, а вся философия бокса умещалась в моём маленьком сознании. Но в чём-то я уже был боксёром. В этом своём наивном желании, в стремлении чему-то научиться.

Или когда я после череды неудач, поговорив с тренером, принял непростое для себя решение продолжать, и пришли победы. Да какие! Я даже сам не ожидал, что начну побеждать всех подряд, но это только разжигало мой азарт, я рвался на ринг, не успев закончить очередной бой, лишь чуть-чуть отдышавшись от предыдущей схватки. Был ли я в этот момент настоящим боксёром?

А может, стал им, когда в моей спортивной жизни начались уже серьёзные бои с сильными соперниками? Когда лёгкие победы «одной левой» остались в детстве и раннем юношестве, и теперь, чтобы победить, одного куража было явно недостаточно. Когда каждому бою предшествовали изнурительные тренировки, где раз за разом, день за днём, год за годом шлифовалась техника и отрабатывались основные элементы боя. Когда напротив тебя в квадрате, очерченном канатами, был такой же целеустремлённый и голодный до побед соперник. Когда мы, тяжело дыша, сходились в цепком клинче и, услышав резкое, как выстрел, «брэйк!», с натугой отклеивались друг от друга, чтобы встать в стойку и через секунды продолжить схватку.

Или когда завоевал первые значимые награды? Например, Кубок СССР 1987 года? Мне было 18 лет, я провёл пять успешных боёв, чтобы поднять этот кубок на вытянутых руках, стоя на пьедестале. Что я ощущал тогда? Эйфорию? Удовлетворение? Радость от очередного успеха? Помню лишь, что у меня от волнения кружилась голова, и вся церемония награждения смазывалась в заблестевшем глазу, словно подёрнутая сладким туманом. Чувствовал ли я себя настоящим боксёром? Не знаю.

Или всё произошло раньше? Когда растроганный Машьянов подошёл ко мне, потному, разгорячённому только что проведённой схваткой, пожал руку и сообщил:

— Молодец! Ты теперь официально получил к. м. с.! Не помню, чтобы кто-то в твои-то годы…

И ведь действительно, раньше такого не случалось. Потому что я получил звание кандидата в мастера спорта в 15 лет от роду. Шёл 1984 год. А в следующем году я получил уже «мастера»[1]. И это тоже было впервые в истории.

---

[1] Мастер спорта.

Или всё же для того, чтобы почувствовать себя стопроцентным боксёром, мне стоило стать профессионалом? Совместить в жизненной философии стремление заниматься любимым делом и благодаря этому занятию обеспечивать себя и семью? Такой подход ведь тоже вызывает уважение. Мы все восхищаемся профессиональными врачами или лётчиками, так чем в этом смысле хуже спортсмен? «Это настоящий врач!» — такая похвала всегда приятна любому профи. Поэтому мне нисколько не зазорно услышать о себе: «Это настоящий боксёр!». И тот, кто понимает, что бокс это не просто мордобой, как считает некоторая часть обывателей, всегда меня поддержит.

Я пролистываю страницы альбома и проскальзываю взглядом по летописи моих времён. И пытаюсь приделать этот самый ярлык «настоящего боксёра» то к одной, то к другой фотографии, надеясь, что где-то он будет к месту. Как подпись и как приговор.

Вот здесь — где с фото смотрит на меня нескладный долговязый худой мальчишка?

Или тут, где мы с братом Саней в обнимочку? Довольные, улыбаемся, и глянец не может скрыть блеск в наших глазах.

Или где я на пьедестале, с медалью на пёстрой ленточке, перекинутой через мою шею? Награда солидно отсвечивает жёлтым. Но я смотрю почему-то не в объектив, а вверх, словно пытаюсь там рассмотреть какие-то новые вершины.

Или где я тренируюсь в зале? Я так быстро бью боксёрскую грушу, что кадр смазан. Руки мои находятся в движении, и фотограф не в силах чётко запечатлеть момент. Болельщики восхищаются победителями на соревнованиях, но они не видят той ежедневной работы в зале, что предшествует триумфу. Так, может, в этом главный смысл?

На каждой фотографии я разный, вокруг меня разные люди. Но всё это — часть моей боксёрской жизни. И выделять какой-то отдельный эпизод я не имею права. Это будет неправильно. Неправильно не по значимости, а по совести.

Наконец, я откладываю альбом. Какое-то время сижу молча, продолжая по инерции прокручивать события давно минувших дней.

Я снова не ответил на свой вопрос.

И с каждым разом мои сомнения всё сильнее.

Стоит ли вообще отвечать на него?

И так ли важно узнать, в конце концов, в какой момент ты всё же стал настоящим боксёром, или достаточно слыть по жизни просто порядочным человеком?

Лена. Часть первая

Лена. Обычное русское имя. Пожалуй, в те годы одно из самых распространённых. Но для меня за ним скрывается близкий человек. Потому что нельзя выкинуть из жизни те пронизанные юношеской романтикой ленинградские вечера. Нельзя забыть то возвышенное состояние души. Нельзя не вспомнить то нетерпение от предстоящей встречи, когда ты после тренировки или соревнования ждёшь свидания, не находя себе места от волнения.

Да и кроме всего прочего, Лена — мать моего сына Петра. Одно это обстоятельство сразу же делает эту отдельную историю в моей жизни особенной.

— Что, что? — кричал я в трубку, прижимая её к уху посильнее. — День рождения?

Связь была никудышная. Я стоял в телефонной будке на углу Достоевского и держал в руке большую неудобную трубку.

— Да, приходи обязательно, ты что, забыл?! — моим собеседником, вернее, собеседницей, была Жанна. Слыша её голос, я сразу представлял эту девушку — высокая, яркая, энергичная.

Не то чтобы у нас с ней были отношения. В таком возрасте, а было мне всего-то двадцать лет, ты волей неволей обзаводишься чередой подружек. «Благодаря» суровому спортивному режиму по жизни, хочется проводить нечасто выпадающее свободное время в приятной компании. А вот у Жанны на меня были серьёзные планы. Сергея Артемьева в определённых кругах уже знали как перспективного боксёра, а возле таких молодых людей, как правило, всегда крутятся девушки с далеко идущими намерениями.

— Ладно, — кивнул я, хоть Жанна и не могла этого, конечно, видеть. — Завтра? Во сколько?

— Как обычно, в «Пулково», — прощебетала девушка, по женской привычке, отвечая совсем на другой вопрос.

Я повесил трубку на рычаг таксофона и пошёл под начинающимся дождём домой. «Завтра так завтра», — подумал я рассеяно, ещё не представляя, что это «завтра» станет для меня судьбоносным.

«Пулково» — так назывался очень приличный ресторан, расположенный в интуристовской гостинице «Пулковская». В те годы любое увеселительное заведение было местом злачным. Начинающая набирать официальную силу «фарца», «деловые» люди, пареньки в спортивных костюмах, переодетые «менты», смазливые разноцветные барышни — кого там только не было. Атмосфера тоже была соответствующей. Громкая музыка, многоголосый гомон, праздничная суета.

День рождения Жанна отмечала с размахом. За сдвинутыми столиками было много гостей, то и дело под высокопарные тосты поднимались бокалы. Но я уже следил за разгорающимся весельем в полвзгляда. В хаотично мигающей цветомузыке я смотрел на удивительно красивый профиль одной девушки. Нет, не Жанны, а одной из её многочисленных подруг. Меня не покидало ощущение, что я её уже видел когда-то раньше. Но вот где и при каких обстоятельствах — никак вспомнить не мог. И если видел, почему не обратил должного внимания?

Профиль девушки был удивительно красивым. Для меня в этом гудящем зале не было сейчас ничего притягательнее. Я никогда не был робкого десятка в амурных делах, но тут почувствовал некоторую неуверенность. Знакомая незнакомка была слишком красива, чтобы… что? Я коротко выдохнул и направился прямо к объекту моего внимания. Да. Сердце у меня билось гулко, но я не привык отступать. Не привык бездействовать. Это было для меня своеобразным вызовом.

Почти как на ринге. Только вот в эту минуту передо мной был вовсе не соперник.

— Всё-таки вы меня извините, — сказал я, наклонившись к ней, чтобы перекрыть грохочущую музыку. — Но мы же раньше где-то пересекались?.. Никак не могу вспомнить!

Она быстро и коротко глянула на меня, словно выискивая мой облик в своих воспоминаниях, и коротко покачала головой.

— Не помню.

— И ладно, — я облегчённо махнул рукой. В самом деле, какое это имело значение? — Тогда давайте познакомимся снова! Меня зовут Сергей.

— Лена, — просто сказала она и по-мальчишески протянула мне руку.

Я осторожно пожал её, ощущая пальцами теплоту кожи девушки.

В этот вечер я танцевал только с Леной.

Иногда ловя на себе недовольные взгляды её подруги-именинницы.

Лена. Часть вторая

Ты же сказала, что не придёшь? — недоуменно спросил я, увидев Лену в одной из компаний. Подошёл, конечно, взял деликатно за руку, отвёл в сторонку.

— Изменились обстоятельства, — призналась она, невинно поглядывая на меня из-под длинных ресниц.

Вокруг тусовалась молодёжь, громко гремела музыка, вспыхивали огни танцпола.

Раньше мы несколько раз отдыхали с ней тут, в этом молодёжном заведении, прообразе нынешних ночных клубов. В те времена внутри всё было проще, зато веселее. Клуб назывался «Эльдорадо» и пользовался большой популярностью. Как у предприимчивой «фирмы», так и у местной «золотой молодёжи». Дискотека, алкоголь, дух свободы и бесконечного праздника царили здесь повсеместно, помогая укрыться от насущных проблем и раствориться в этой безответственной атмосфере.

В этот раз мы пришли сюда врозь. Я со своими полузнакомыми товарищами, а Лена — в компании своих многочисленных подруг.

Перед этим мы не виделись целую неделю. И я даже стал сомневаться, увидимся ли ещё когда-нибудь. Если ты молод, всё воспринимается очень ярко, но сильные переживания быстро проходят, переключаясь на другие эмоции. Первая встреча с Леной на дне рождения Жанны была очень яркой вспышкой. После знакомства мы могли разговаривать по телефону часами, с нетерпением ждать нового свидания, но… Потом были сборы и соревнования, и хоть я думал о ней, ворочаясь в кровати перед сном, жизненный водоворот не всегда оставлял место любовным переживаниям.

И у неё тоже были дела.

И она тоже не всегда могла со мной встречаться.

Но увидев её снова в этом полутёмном зале, я обрадовался. Несмотря на то что её не должно было здесь быть, несмотря на то что она ещё вчера мне сказала, что не сможет пойти сюда со мной.

— Серёга! — возле нас вдруг материализовался один из моих шапочных знакомцев. — Там «быки» на Репу наехали, ты это… далеко не уходи… ты же с нами, если что?

Честно говоря, мне сейчас было не до местечковых разборок. Я вдруг почувствовал необъяснимое притяжение к той девушке, что стояла рядом со мной. И я испугался, что снова могу потерять ещё толком не обретённое. Это был необычайный магнетизм, осознав который ты понимаешь, что всё это неспроста. Что это серьёзно. И хотелось быть только с ней. Рядом. Наедине. И говорить какие-то глупости, но так, чтобы видеть её реакцию на твои слова и растворяться в её очаровательной улыбке.

— С вами, с вами, — махнул я рукой, чтобы побыстрее отвязаться.

Такие «стрелки» и разборки были в клубе делом обычным. Постоянно кто-то кого-то задирал, и часто противоборствующие группировки сходились стенка на стенку прямо на танцполе.

— Ага! — кивнул знакомец. — Тогда, если что, я свисну!

Но я его уже толком не слышал. Мы снова танцевали с Леной и шептали друг другу банальные нежности.

Я даже не сразу понял, что совсем рядом началась буза. Кто-то выкрикнул громче музыки, замелькали руки и тени. Толпа на танцполе заколыхалась, освобождая место для самых активных действий. Нас с Леной тоже подхватило и понесло в сторону, но почему-то эта реальная опасность не испугала, а лишь позабавила. Я обнял свою девушку, оберегая, чтобы не раздавили, не повалили на пол, не растоптали в животном порыве, потом принялся расталкивать людское море локтями, пробираясь к выходу. Мы заразительно смеялись, уворачиваясь от спешащих нам навстречу новых бойцов, стремящихся помочь «своим».

Наконец, целые и невредимые, мы выскочили через турникет на улицу. Ко входу как раз подруливала милицейская машина, вспыхивающая мигалкой, и кургузый автобус с зарешёченными окнами. Из его распахнувшихся дверей принялся выпрыгивать ОМОН. Я увлёк всё ещё прикрывающую рот рукой от смеха Лену в сторону, чтобы не попасть в облаву, и мы побежали вдоль фасада к расположенной чуть поодаль парковке.

— На Пушкинскую! — крикнул я в приоткрытую форточку одиноко стоящего на площадке такси.

«Бомбила» скептически осмотрел наш с Леной прикид, без труда определив, что мы не очень-то презентабельные клиенты.

— Два счётчика, шеф, — опережая его отказ, выпалил я. — Два счётчика!

Я уже получал зарплату за свои спортивные достижения и мог иногда шикануть. А уж в такой ситуации сам бог велел это сделать.

Ещё раз мазнув по нам взглядом, водила кивнул и повернул ключ в замке зажигания.

Я открыл дверцу, помог Лене устроиться на заднем сиденье и запрыгнул следом.

И в эту ночь мы уже не расстались.

А через два месяца подали заявление в Ленинградский ЗАГС.

Цирк на Цветном бульваре

После того как прозвучал гонг, сигнализирующий об окончании моего боя с Александром Бускуновым, в моей жизни наступил новый этап.

6 января 1990 года я официально стал профессионалом. Дело в том, что путь в любительский бокс был мне теперь окончательно заказан. Все, кто провёл хотя бы раунд на уровне профи, вернуться в любители уже не могли. Таковы уж были правила. С этого момента я не мог выступать в составе сборной Союза ни на каких крупнейших международных соревнованиях, включая Чемпионаты мира и Олимпиады. Меня теперь ждал только профессиональный ринг!

Понимал ли я это, когда, опустив вниз перчатки, ждал объявления судьи о победителе нашего боя с Сашей Бускуновым? Вернее даже будет сказать, не «понимал», а «осознавал ли»?

Несмотря на мою молодость, мне уже не раз приходилось принимать важные решения в жизни. Нельзя сказать, что я выбирал их всегда безошибочно, бывало всякое. Но рано или поздно приходит момент, когда у тебя нет права на ошибку. Когда поворот в судьбе становится определяющим. Что такой момент настал — я знал точно. Ведь самое сложное в выборе — когда он, этот выбор, является необратимым. Ситуацию практически нельзя отыграть назад. Или — или. Ты переходишь рубеж, своеобразную границу, и пересекаешь её лишь в одном направлении. Вернуться обратно уже невозможно.

Желание перейти в профессиональный бокс пришло ко мне, конечно, не сразу. И снова крутой вираж в моей судьбе произошёл не без участия Александра, моего брата. Сработала всё та же установка из детства. Из моего сознания так и не выветрилось это самое «делай как я». Потому что я знал: Саня никогда не пожелает мне плохого…

Однако стоит признать, что наше спортивное будущее к этому времени рисовалось немного в разных тонах.

Александру было уже двадцать четыре, он побывал на Олимпиаде в Сеуле, доказал многим всё и вся, но в Союзе, на любительском уровне, перспективы у него были туманными. Многие судьи начали его «придерживать», искусственно выводя на первые места более молодых и более напористых боксёров. Прочувствовав наступающую несправедливость, Геннадий Юрьевич предложил моему брату продолжить карьеру как профессионалу. Саша задумался и, поразмыслив какое-то время, согласился. Ситуация была для этого благоприятной, в конце 1989 года в Подмосковье, в Химках, как раз открылась первая школа профессионального бокса.

Со мной всё было не так просто и однозначно. После безоговорочных побед на международных турнирах в Дании и Венгрии[1], а также недавно состоявшихся Всесоюзных Молодёжных играх я как раз был одним из тех «перспективных», на которых чиновники от Спорткомитета делали особую ставку. На горизонте маячила Барселона-92[2], и меня пророчили одним из лидеров будущей олимпийской команды. Рекомендации специалистов для меня были тогда вполне конкретными — продолжать заниматься любительским боксом, повышать своё мастерство, готовиться к новым турнирам высочайшего класса.

Не скрою, я был на перепутье. Юношеский максимализм настраивал меня на подвиги за океаном, а осторожная прагматичность предполагала остаться здесь и выбрать хоть и менее яркую, но более предсказуемую карьеру.

---

[1] Турниры класса «А».

[2] Летние Олимпийские игры в Испании 1982 года.

И был ещё один фактор, который нельзя было сбрасывать со счетов.

Времена в стране начались непростые. Подкрадывались знаменитые девяностые. Стабильным заработком могли похвастаться немногие. Даже те, кто, казалось, сидел на «сытных» должностях, в одночасье лишались и работы, и достатка. Что уж говорить о зарплатах спортсменов?! Многие из «бывших» от безысходности уходили в криминал. Чтобы прокормить себя и сохранить человеческое достоинство, приходилось жертвовать многим. И никто не мог гарантировать, что эти жертвы не окажутся в итоге бесполезными.

И вот именно сейчас, на изломе, мне казалось, можно было кардинально решить, в том числе, и проблему своей финансовой состоятельности. Если бы я знал тогда, как это всё непросто, даже в среде профессиональных контрактов!.. Но у нас тогда не было личных юристов, чтобы об этом рассказать, а всю информацию мы черпали в основном из рассказов коллег да из красивых глянцевых статеек.

Но переход в профи предполагал совершенно другой уровень подготовки. Это уже была работа «на износ». Требовался и специальный психологический подход: ты должен был себя настраивать на долгую схватку — четыре, шесть, восемь, десять, двенадцать раундов. И всё это время ты должен быть по-спортивному злым, полностью мобилизуя себя и настраивая только на одну мысль — ты должен победить. Любой ценой. Каждый раз, когда ты на ринге. Несмотря ни на что. Никто не станет тебя жалеть, если ты проиграешь. Зрители любят только чемпионов.

Я не раз разговаривал о своей дальнейшей судьбе и с Машьяновым, и с Лебедевым, спрашивал совета, расписывал для себя мысленно все плюсы и минусы. Юрьич продолжал оставаться для меня непререкаемым авторитетом. И это тоже шло из детства. Многие спортсмены помнят и очень уважают своих первых тренеров. Но для нас с братом Машьянов был больше чем тренер. Частично он заменил нам отца, терпеливо вдалбливая в непослушные вихрастые головы правильные и необходимые установки. Не только боксёрские. И человеческие тоже. Мы верили ему. И он понимал свою ответственность. Вижу, как сейчас: Геннадий Юрьевич, невысокий, если не сказать маленький, с модными тоненькими усиками над верхней губой, распекает нас с Саней в очередной раз за недостаточно усердную тренировку на ринге. «На ногах надо работать! — восклицает он своим чуть хриповатым голосом. — Ни один бой без ног не выиграть! А вы что творите?!» Но в его окриках нет гнева или раздражения. Он просто стремится донести до нас нужные умения.

Когда, после долгих обсуждений, я спрашиваю его о продолжении моей карьеры в лоб, напрямую, он долго смотрит на меня и ничего не отвечает. И я понимаю, что я уже совсем взрослый — мне двадцать лет! — и пришла пора принимать самостоятельное решение.

Одна чаша весов неминуемо перевешивает другую.

И вот я сижу после своего первого боя на профессиональном ринге в раздевалке и пытаюсь решить для себя, правильно ли я поступил. Но нет никаких мыслей. Я ещё на ринге, прокручиваю в уме перипетии прошедшего поединка.

Да, мне уже двадцать, и я выбрал для себя ту дорогу, по которой мне придётся идти всю оставшуюся жизнь. И я ни капли не жалею об этом.

Забавный эпизод, который тоже врезался мне в память.

В этот день на спортивной арене старого цирка центральным поединком, так называемым mail event, был бой между чемпионом Сеульской Олимпиады Джованни Паризи с не очень известным мексиканцем Оскаром Чавесом. Паризи предсказуемо выиграл, но я упоминаю об этом лишь потому, что по окончании соревнований ко мне подошёл главный тренер сборной СССР Константин Николаевич Копцев. Он сказал, что мой бой с Буксуновым был намного интереснее, чем победа Паризи. И что это был, несомненно, лучший бой вечера.

Такая похвала специалиста дорогого стоила.

И тут же Копцев посетовал, что я так рано ушёл из любителей.

— Серёжа, ты бы мог стать чемпионом мира и олимпийским чемпионом, — сказал Константин Николаевич, похлопывая меня по плечу, — а потом уже уходить в профи. Но, в любом случае, я тебе желаю всего самого лучшего и на этом поприще, ты достоин великих побед!

— Спасибо! — кивнул я, а перед моим мысленным взором уже разгорались разноцветные огни самых великих и знаменитых рингов мира.

И меня нисколько не смущало, что мой первый профессиональный бой в Цирке на Цветном бульваре с Александром Бускуновым закончился вничью.

Дилемма

Кому мы там нужны? — Лена смотрела на меня своими карими пронзительными глазами. В глубине её взгляда я угадывал растерянность.

— А кому мы нужны здесь? — я пожал плечами. — Тем более Саня уедет.

Да, наша семейная жизнь началась с серьёзных испытаний. Почти сразу же встал вопрос об отъезде в Соединённые Штаты. Я убеждал Лену, что это правильный выбор. Убеждал, но в глубине души сам в этом очень сомневался. Иногда до такой степени, что не находил себе места. Иногда не в силах уснуть от нахлынувших чувств.

Америка манила. Она мерцала яркими огнями, сулила небывалые приключения, открывала новые перспективы. Но вместе с тем я понимал, что это моя жизнь. И жизнь моей семьи. Я родился в Советском Союзе и, хочешь не хочешь, впитал в себя его уклад с детства. Я мог стать заслуженным спортсменом тут, на Родине. Я мог войти в сборную команду и через два года поехать на Олимпиаду. Дилемма заключалась в том, что в профессиональном боксе я мог стать не просто «одним из знаменитых», я мог стать «одним из великих».

— Ты даже в школе немецкий учил! — не унималась Елена. — Какая Америка?

«Подумаешь, язык, — возражал мысленно я, раскрывая самоучитель английского и всматриваясь в непонятные буквы и слова. — У спортсменов один универсальный способ общения, они и так понимают друг друга. А цифры в контракте я уж как-нибудь разберу!»

А потом выглядывал в окно и смотрел на стену соседнего дома с покосившейся, прикрученной хомутами к углу, водосточной трубой. И понимал, сколько у меня связано с этим местом, с этой улицей, с этим районом. И что, решившись уехать, я, возможно, никогда сюда не вернусь. Не усядусь на эти обшарпанные лавочки, не покормлю разжиревших за лето голубей, не посмотрю задумчиво на воду, приостановившись у пруда ЦПКиО.

За моим окном будет совсем другой пейзаж. Не обязательно хуже, скорее, наоборот, но он не будет вызывать у меня никаких ассоциаций. Ни плохих, ни хороших.

Зато я буду биться с лучшими боксёрами мира. И доказывать свою правоту в этом выборе. В чём в чём, а в своих боксёрских способностях я был тогда уверен. Но не забывал слова Юрьича о том, что нет ничего плохого в собственной уверенности до того момента, пока она не превратится в самоуверенность.

Лена не могла сразу ехать со мной за океан. Я должен был проверить всё сам. Осмотреться. Прикинуть возможности. Я должен был обеспечить своеобразный плацдарм для семьи. В конце концов, нас ведь станет когда-нибудь больше. Я не мог взять её с собой сразу. Оставляя её в Союзе, я словно сохранял и себе какой-то небольшой шанс на возвращение. Мне надо было подписать контракт, который не предусматривает никаких иных толкований, кроме работы на рингах Америки в качестве бойца-профессионала.

Дело осложнялось тем, что мы были первыми. Несколько советских боксёров, с кем подписали контракты американские промоутеры, одним из которых был Лу Фалсино. И нам не у кого было разузнать детали. Существовал Союз, и существовал другой мир, совершенно нам не знакомый, в который мы должны были явиться. Слабо представляя себе правила игры и входя в него чужаками. Неопытными, неискушёнными, в чём-то наивными. Всё было в новинку. Даже сами переговоры о заключении соглашения. Меня не покидало странное ощущение: нас, тех, кого американские промоутеры «взяли на карандаш», отбирали на конкурсной основе. Чтобы всё сошлось, необходимо было показывать «товар лицом» здесь и сейчас. Мы плохо представляли себе понятие «бизнес». Нам казалось, что это, в первую очередь, должно быть связано с производством, с чем-то глобальным. В спорте ведь всё до этого было проще — если ты сильнее своего визави на ринге, значит ты победитель. А всё, что около спорта, тебя не касается. За океаном было по-иному. Ты становился не просто боксёром, ты становился профессионалом, способным заботиться о своём процветании самостоятельно. За твоей спиной уже не было никаких представителей федерации, способных решить организационные вопросы. За тобой был только промоутер, который вкладывал свои деньги и рассчитывал на прибыль. Отныне ты работал по контракту и должен был выполнять условия, в нём прописанные. Ни больше ни меньше. Такой резкий контраст с окружающей тебя всю предыдущую жизнь действительностью слегка обескураживал.

Много позже я узнал один любопытный факт. Тот самый Лу Фалсино, первый промоутер[1], с которым я заключил контракт, приехал тогда в Союз именно за мной. Не за Александром, не за другими ребятами, которые попали в первую группу советских профессионалов. Главной целью был именно я. Остальные поехали вместе со мной, главным образом, «на дополнительный просмотр»; на меня же у опытного Фалсино сразу были виды на долгосрочное сотрудничество.

Я сомневался до последнего.

Нет, это не была человеческая слабость, страх или трусость. Это был выбор мировоззрения. Это было принятие нового себя. Даже с учётом того, что на первых порах в Америке я не буду абсолютно одинок. Всегда рядом будет Александр.

---

[1] Был ещё Эммануэл Стюарт, промоутер из Детройта, экс-чемпион мира. После просмотра он был готов заключить контракт и со мной, и с Александром, хотя мы были к тому моменту совсем не титулованными в профессиональном спорте. Но вышла какая-то бюрократическая накладка, коих было тогда в СССР предостаточно, и сделка сорвалась.

Что-то подскажут тренеры. Но всё равно я стану совершенно другим. Вот в этом и был основной корень сомнений. Смогу ли я внутренне принять нового Сергея Артемьева? И надо ли мне им становиться?

— Нам нельзя расставаться, — говорила Лена. — Каждое расставание — это несчастье.

— Это не расставание, — убеждал её я. — Это обычная командировка. Такова уж доля спортсмена. Сборы, соревнования. Всегда разъезды.

— Нет, это другое, — не унималась жена.

— Ты приедешь ко мне при первой же возможности!

Как я мог разъяснить ей все эти свои сомнения? Я ведь был ещё так молод. Мой жизненный опыт ограничивался принятием решений совсем другого уровня. Я опасался, что если начну обсуждать с ней все мои опасения, то она сможет убедить меня остаться. Что мы потонем в ворохе нерешённых проблем, мелких неурядиц, потеряем ориентиры в туманной перспективе. И Лена сразу же почувствует мою неуверенность. Как любая женщина в моменты наивысшего душевного волнения. И тогда я решил, что должен отвечать за нашу семью самостоятельно. Несмотря на свой возраст, я всё равно глава семьи. И мой риск — это мой риск. Именно поэтому я должен ехать один. Как бы трудно мне ни было там без её поддержки. Точка.

Поверила ли она мне тогда? Ведь Лена тоже была очень молодой.

Я не знаю. Но скорее да, чем нет. Потому что спустя три месяца она действительно ко мне приехала по оформленному приглашению. И всё у нас было хорошо. Там, в Америке. До какого-то определённого момента.

Мама, брат Саша и я

Мы с братом у папы на руках

Мне 15 лет

Я иду в школу

*Сборная СССР
с американской певицей
Сандрой*

Мои заслуженные медали

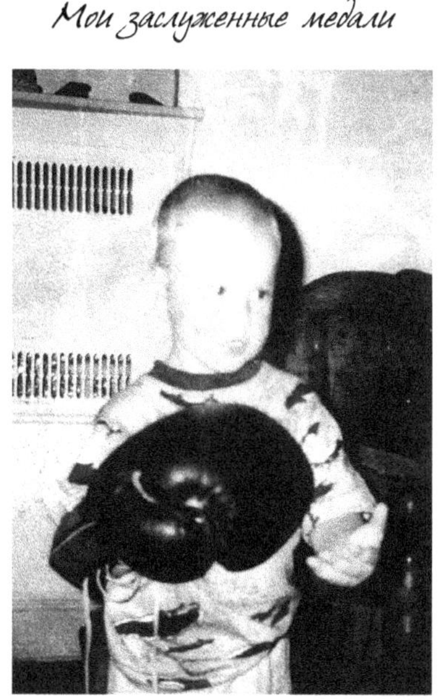

Сын Петя примеряет папину перчатку

С сыном на тренировке

С Петром
на соревнованиях

Первые русские профессионалы в США
с тренером Машьяновым и переводчиком

С Teddy Atlas

SERGEI ARTEMIEV

3 **LIGHTWEIGHT**

BORN: January 20, 1969, Leningrad, USSR
HT: 5'8" TURNED PRO: January 6, 1990
MANAGER: Thomas Gallagher

One of the more successful of the original "Russian Invasion," Artemiev has won 12 straight since suffering six-round loss to Bobby Brewer in July, 1990...Wins over Roland Commings, Luvuyo Kakaza, Bryant Paden and Kenny Baysmore have stamped Artemiev a prospect to watch.

PRO RECORD THRU 9-30-92				
TB	W	L	D	KO
19	17	1	1	12

2 часть

Поехали

3 февраля 1990 года я нетерпеливо уставился в иллюминатор Ил-86, пытаясь рассмотреть там, за бортом, какие-то знаки, указывающие на начало нового этапа моей жизни. Но знаков не было. Была плотная серая облачность с крошечными капельками влаги на стекле.

Я прислушивался к монотонному гулу двигателей самолёта и думал о неизвестном будущем. Как нас встретит Америка? Смогу ли я принять новый уклад жизни? Промоутеры клятвенно заявляли, что всё будет организованно по высшему разряду и беспокоиться совершенно не о чем, но…

Со мной в салоне аэробуса летели ещё четыре русских боксёра и два наших тренера. Это немного успокаивало, всё же мы представляли собой своеобразную советскую делегацию, и с нашим общим мнением, несомненно, должны были считаться. Вдруг что-то пойдёт не так?

Но всё же я не хотел думать о плохом. Вернее, мне было не до этого. Моё сознание замирало в предвкушении необычного. Новых впечатлений, новых встреч, нового мира, в конце концов. Так уж устроена человеческая натура, всегда хочется смотреть в будущее с оптимизмом. Тем более, когда ты такой молодой, и у тебя впереди радужные перспективы. Спортивная карьера, Лена, семейные дела — можно сказать, впереди ещё вся жизнь.

Аэропорт имени Кеннеди поразил нас своими масштабами. Ничего подобного мы не видели даже в Москве. Это был целый транспортный город с миллионами, как мне казалось, спешащих куда-то людей. И мы тоже были сейчас одними из них, стояли посреди неимоверно огромного зала небольшой группой. Но те, кто нас сюда пригласил, своё слово сдержали. Нас поджидали две солидные машины. С водителями. И даже переводчик.

С языком, конечно, у меня пока были проблемы. Толком подучить его времени не хватило, оставались только поверхностные знания, полученные мной в пору общения в Ленинграде с так называемыми фарцовщиками. В эпоху тотального дефицита хочешь не хочешь приходилось крутиться в их среде, даже что-то «толкать» самому, всё же у спортсменов были возможности приобретать вещи за границей. Вот и приходилось как-то изъясняться на ломаном английском. Но это были очень простые обороты, и для полноценного общения в Америке, разумеется, надо было учить всё заново.

Однако первое, что я услышал, выйдя из международного терминала аэропорта имени Кеннеди, от представителя принимающей стороны — это было русское, правда, немного исковерканное слово:

— Привьет! — на лице Лу Фалсино, нашего промоутера, играла лучезарная улыбка. Он развёл руки в стороны, словно намереваясь обнять каждого из нас, но в последний момент ограничился простым рукопожатием.

Дальнейшее общение шло уже через переводчика, которого звали Андрей.

Я сел в машину к Лу. У него был вполне респектабельный двухместный «Мерседес-560», и это тоже добавляло значимости нашему визиту.

«Мерседес» Фалсино привёз нас в Йонкерс, который находится приблизительно в трёх километрах севернее Манхэттена. К аккуратному домику из белого дерева, стоящему в живописном садике.

Выйдя из машины, я огляделся по сторонам. На фасаде дома красовалась рельефная табличка с названием улицы и номером. Семинария авеню, 152. Отныне эта табличка стала на какое-то время моим заокеанским адресом, а то, к чему она была приделана, — моим новым домом. Напротив коттеджа из белого дерева стояла католическая церковь, выделяющаяся центральной башенкой и уходящим в небо шпилем.

В целом мне всё понравилось. Язык я с присущим моему возрасту максимализмом намеревался подтянуть в самое ближайшее время, условия проживания были прекрасными, и вся окружающая обстановка настраивала на позитивный лад. Я с нетерпением ждал знакомства с основным разделом моего контракта, а именно спортивным. Ведь приехали мы сюда не на экскурсию, а чтобы побеждать на ринге. Это и должно было стать самым значимым.

И тут, надо сказать, начались первые неожиданности.

Когда нас привели в частный тренировочный зал — а располагался он в Квинсе, — я, уже привыкший к увиденному вокруг великолепию, ожидал от обстановки внутри чего-то, соответствующего моменту. Но в данном случае меня ждало разочарование. Этот зал был даже хуже весьма посредственных боксёрских залов, что мне пришлось повидать в Советском Союзе в большом количестве. В глаза сразу же бросалась общая обшарпанность помещения, всё было грязным, затёртым, несвежим. И сама обстановка была более чем спартанской. Несколько пыльных зеркал, с десяток старых бесформенных мешков.

Здесь же меня познакомили и с тренером, который был под стать залу. Какой-то неказистый, в помятой футболке, с маленькими глазками и бегающим неприятным взглядом. Господин Томми Галлахер собственной персоной. Именно он не остановит тот самый бой в Атлантик-Сити в 1993-м, хотя любой уважающий себя тренер должен был так поступить. Но, впрочем, до этого ещё далеко, а пока я, молодой, любопытный, жадный до тренировок и боёв, с недоумением осматриваю неказистый зал, где мне придётся проводить очень много времени. Но оптимизм у меня пока не заканчивается, я ещё верю в успех и не боюсь трудностей. В Союзе тоже было непросто, подумаешь, старые мешки! Во всяком случае, здесь я понимаю, что буду биться не только за звание и признание публики. Каждый мой бой — это часть контракта, а значит, гарантированный гонорар. Никакой неопределённости.

И опять я ещё не вижу всех подводных камней. И не представляю, что первые профессиональные контракты, предлагаемые новичкам, составлены очень хитро. И те пять тысяч долларов «подъёмных», что мне выдал Фалсино, уже являются частью гонорара, который мне ещё предстоит отработать. И что Томми Галлахер, назначенный мне тренер, будет часть гонораров забирать себе в счёт оплаты занятий. Это мне всё ещё предстоит узнать, что называется, увидеть собственными глазами звериный оскал капитализма.

А пока... пока рядом брат Сашка, пока рядом Машьянов (нам великодушно разрешили на время оставить одного «нашего», русского тренера, второй специалист, Николай Николаевич Ли, через неделю улетел обратно в Москву). И спортивная подготовка идёт своим чередом. Занимаются на первых парах с нами ещё все трое — Геннадий Юрьевич, Томми Галлахер и Николай Николаевич.

Подъём в семь утра.

Бр-р-рр.

— Артемьев! В чём дело?! Почему не вышел на зарядку?! — Ли смотрит требовательно, насупив густые брови.

Мы, прибывшие боксёры, стоим перед ним шеренгой, сейчас начнутся занятия.

— Николай Николаевич, тут вам не сборная СССР! — набравшись смелости, заявляю я. — Мы теперь профи! Готовимся, как сами считаем нужным!

Ли даже немного растерян от такого наглого заявления.

— А что, правильно Серёга говорит, — поддерживает меня Витька Егоров, улыбаясь. — Я тоже завтра без зарядки буду!

Видно, что Николаич возмущён, но, по сути, мы правы. Вся наша подготовка теперь в основном в собственных руках.

Он безнадёжно машет рукой, но долго ещё бурчит сквозь зубы: «Профи, тоже мне, нашлись...»

Но на самом деле к тренировочному процессу мы относимся серьёзно. Понимаем, что без всесторонней подготовки победить на профессиональном ринге будет нереально. Поэтому работаем на тренировках до седьмого пота.

Красное вторжение

В каждой профессии есть свои особенности. То же справедливо и для спорта. В контактных видах единоборств, к которым, естественно, относится и бокс, большое значение играют индивидуальные особенности бойца. За свою, увы, недолгую карьеру профессионального боксёра я сделал несколько наблюдений в этом плане. Вот одно из них: «падают» почти все, кроме мексиканцев, пуэрториканцев, доминиканцев — эти стоят до конца. Они являют собой поразительный образец потрясающей выносливости. И способны даже в полувменяемом состоянии оставаться на ногах. Сбить с ног такого латиноса — задача почти невыполнимая.

Мне довелось боксировать с представителями вышеперечисленных стран неоднократно. И на себе испытать эту их особенность. Но надо сказать, в профессиональном боксе не бывает лёгких боёв. Неважно, кто перед тобой на ринге — белый, афроамериканец или метис, — он всегда будет биться до конца. Так же, как и ты. Тут всё честно.

Первый бой в Америке в рамках нашего гастрольного тура состоялся у меня 27 марта 1990 года в Неваде. Соперником был Жуан Альдалпе, достаточно сильный и опытный боксёр.

Мы выступали с ребятами в рамках спортивного шоу. Зрителей, как известно, привлекает экзотика. Этим и воспользовались предприимчивые организаторы. Нас, пятерых русских боксёров, «первых ласточек» из-за железного занавеса, окрестили «Red Invasion» («Красное вторжение»). И на такое броское «промо» публика с удовольствием покупала билеты. Бои всей нашей пятёрки проводились в один день.

Нельзя сказать, что я совсем не волновался перед первым заокеанским поединком в ранге профессионала. Конечно, когда диктор объявил моё имя и по залу прошёл явственный неодобрительный ропот, сердце у меня застучало быстрее. Да, это был мой первый бой на чужой земле перед чужой публикой в качестве профи. Но далеко не первый в моей боксёрской карьере. И я был к этому готов.

Жуан работал технично и, если можно так сказать, классически. Не допускал явных ляпов в обороне, но и в атаке не предпринимал ничего неожиданного. Я же потихоньку приноравливался к такой манере, стараясь нащупать слабые стороны. Первые два раунда прошли в вязкой, монотонной и «ничейной» борьбе. А в третьем раунде он меня переиграл. И это по-хорошему меня разозлило. На четвёртый я вышел максимально мобилизованный и обрушил на соперника целую серию атак. Я был неудержим и быстро реабилитировался за пассивность в предыдущем раунде. Все три судьи в итоге отдали победу мне. Я стоял с поднятой мне рефери рукой, слышал приветственный гул зала и отчётливо осознавал, что ради такого момента я не зря терпел все лишения и тяготы. Я победил. Я выиграл свой первый профессиональный бой за океаном. Это был хоть и маленький, но мой личный триумф. Мой личный праздник. Хотя ещё больший праздник состоялся в этот день у Лу Фалсино, нашего промоутера. Потому что все пять «его» русских боксёров в этот вечер победили.

Мне очень запомнились два боя, проведённых в Филадельфии. В октябре 1990-го с Вильямом Джонсоном и в январе 1991-го с Рафаэлем Солиманом.

В Филадельфии, как известно, преобладает процент афроамериканской части населения. Не явилось исключением и подавляющее большинство таких болельщиков в зале, где мне пришлось боксировать с Джонсоном. Мой соперник представлял собой крепкого тёмного паренька, двигающегося словно на шарнирах. Разумеется, симпатии публики были изначально на его стороне. Что там какой-то белый русский, выскочка. Сейчас «наш» ему покажет! Кстати сказать, в самом начале боя почти всё так и случилось. Уже на первой минуте я нарвался на чёткий удар соперника, который сбил меня с ног. Публика радостно повскакивала с мест. Но болельщики Джонсона обрадовались преждевременно. Уже в конце этого же раунда похожий удар нанёс я, и теперь не смог удержаться на ногах Вильям. Следующие два раунда мы самозабвенно молотили друг друга, не желая отступать. А в четвёртом Джонсон упал дважды. Публика шумела всё тише и тише. Когда мой соперник вышел на пятый, я отчётливо увидел, как потухли его глаза. Он проиграл, ещё даже не начав раунд. Через двадцать секунд Джонсон получил от меня первый нокдаун, а через сорок — второй. Я начал проводить очередную комбинацию, когда рефери остановил бой, встав между нами. Он внимательно посмотрел на Джонсона и засчитал мне ТКО — технический нокаут. Зрители, надо отдать им должное, теперь приветствовали уже меня. К счастью, публика на таких соревнованиях неплохо разбирается в боксе и болеет, чаще всего, вполне справедливо.

Намного сложнее у меня вышло с Солиманом. До сих пор вспоминаю и пересматриваю тот бой с содроганием. Рафаэль как раз был живым примером того самого моего наблюдения о «живучести» некоторых боксёров. Солиман к этому моменту был уже двукратным чемпионом Доминиканской республики. Крепкий, жёсткий, словно высеченный из камня. Почти в прямом смысле. Потому что я оббил об него все руки. Мне казалось, что любой другой боксёр уже упал бы от моих ударов. Я вкладывал в них столько силы и бил с такой агрессией, что выдержать этот град было нереально. Но Солиман был живой скалой. А ещё он оказался коварным. В третьем раунде пошёл на хитрость. Отошёл к канатам и подопустил руки. И я поймался на эту удочку. Ринулся вперёд, стремясь попасть в незащищённое место. И тут же поплатился. Солиман заманил меня в ловушку и нанёс сокрушительный удар, от которого у меня весь мир перед глазами зашатался. Я обхватил соперника, повиснув на нём, стремясь хоть немного прийти в себя. Рефери разнял нас и скомандовал «бокс!».

Но я ещё не мог боксировать, сознание продолжало плыть. Я опять «облапил» Рафаэля. Снова рефери, и снова сигнал к бою. Мне во что бы то ни стало надо было дождаться гонга, чтобы прийти в себя. И я это сделал, в конце раунда уйдя от атак Солимана «на ногах». В четвёртом Рафаэль снова отошёл к канатам. Но больше я на такие авантюры не купился. Поняв это, разозлённый Солиман почти «прыгнул» на меня, но в этот раз я уже был к этому готов. В итоге мы боксировали с ним все восемь раундов. Я продолжал бить и бить изо всех оставшихся сил, окончательно «ломая» себе запястья. И это принесло результат. Нет, Солиман так и не упал, но всё равно проиграл. Судьи отдали победу мне. Но далась она мне очень большой ценой.

После боя я не смог самостоятельно снять свою амуницию. Это сделал за меня мой брат. Он же потом и одевал меня — натягивал носки, зашнуровывал шнурки на ботинках, даже застёгивал ширинку, я не мог пошевелить и пальцем.

Восстанавливаться после такого боя мне пришлось больше двух месяцев. Единственным утешением послужило то, что, видя мою временную недееспособность на ринге, Лу Фалсино разрешил мне в короткий отпуск в Питер, по которому я к тому времени уже очень соскучился.

Маленькие хитрости

На профессиональном ринге я провёл двадцать один бой. Из них победил в восемнадцати и один, самый первый, в Цирке на Цветном бульваре, свёл вничью.

Мне есть что рассказать.

Я выходил на ринг с очень сильными, заслуженными бойцами. Выходил, чтобы побеждать. И побеждал. Да, в своём двадцать первом бою я получил тяжелейшую травму, которая перечеркнула не только мою дальнейшую профессиональную карьеру, но и, можно без преувеличения сказать, всю жизнь. Потом я прочитал свой некролог. На следующий день после поединка одна из самых популярных газет вышла с большой фотографией Клинта Иствуда на первой полосе. Знаменитого актёра и режиссёра поздравляли с первым полученным «Оскаром». А ниже была помещена заметка про смерть русского боксёра на ринге. Сухие безжалостные строчки. На одной из внутренних полос раскрывались все подробности рокового боя. Но журналисты сделали непоправимую ошибку. Я выжил. Слава Господу Богу! И несмотря ни на что не жалею, что связал свою жизнь с этим спортом. Я начал заниматься боксом в 10 лет и закончил, когда мне стукнуло 24. В целом, я отдал этому виду спорта больше половины своей жизни. Но это были очень хорошие годы. Я не обижен на судьбу.

Впрочем, вернёмся к боксу.

Боксёры — разные люди. И точно так же, как и в других ремёслах, в спорте часто прибегают к маленьким хитростям, способным дать хоть какое-то, но преимущество в схватке.

Ринг — не исключение. Сколько раз я сам во время боя прибегал к неожиданным для соперника тактическим уловкам. Этому меня научили мои первые тренеры — Машьянов и Лебедев. Этому меня учил и брат.

На ринге мелочей не бывает. Иногда ход поединка может перевернуть с ног на голову небольшая, на первый взгляд незначительная или даже курьёзная, деталь. Но это спорт. И некоторые ради победы идут на многое, прибегают к ухищрениям, иногда не совсем оправданным и этичным. Но не мне их судить. Моё дело заключалось в том, чтобы боксировать и честно побеждать.

25 февраля 1992 года моим соперником был некто Капри Липкин, афроамериканец, боец с запоминающейся кудрявой шевелюрой. Наш поединок состоялся в Ирвинге, штат Техас. Если вы подумали, что Капри носил какую-то необыкновенную причёску, то вы ошиблись. Дело было не в этом. Сам по себе Липкин был боксёром достаточно средним и я, к тому времени уже набравший очень мощную спортивную форму, нисколько не смущался очередного соперника такого уровня. Но никак не ожидал, что Липкин прибегнет к такому необычному приёму. Знаете, что он сделал? Он облил свои волосы какой-то гадостью, издающей резкий специфический «аромат». Видимо, не очень рассчитывая на свои кулаки, решил сбить меня с ног именно таким экстравагантным способом. И в какой-то мере ему это удалось. Когда я сблизился с соперником, мне в нос ударил такой убойный запах, что я едва не потерял ориентировку, глаза защипало, из них брызнули слёзы. Каждый раз, входя в клинч, я вынужден был переживать это снова — чудовищная вонь, першение в горле и слезоточивость. Но что тут можно было поделать? Пожаловаться судье? Но ведь Липкин не нарушал никаких правил. Пришлось приспосабливаться. И не отвлекаться на провокацию. Постепенно я абстрагировался, и теперь уже выходка противника произвела на меня противоположный эффект. Я так разозлился, что не оставил от его защиты камня на камне в первом же раунде. Сопер-

ник получил два сокрушительных удара в печень и рухнул в нокаут.

Позже, когда я проходил по коридору, выйдя из раздевалки, то увидел сидящего на лавке бледного Липкина. Он неестественно наклонился вперёд и придерживал рукой правый бок.

«У меня два ребра сломано», — тихим голосом сказал он, когда я подошёл ближе. Я попытался извиниться, но парень перебил меня, заявив, что оправдываться мне не в чем, всё было по-честному. Мне оставалось только пожелать ему здоровья. Ведь, в самом деле, я тоже не нарушал никаких правил.

К середине 1992 года обо мне заговорили как об очень сильном бойце. Я выигрывал поединок за поединком и с каждым боем упорно двигался к титулу. Против меня на ринг стали выходить настоящие чемпионы.

Одним из таких был Кенни Бейсмор. Букмекеры перед нашей схваткой были однозначны: Артемьеву, несмотря на весь его талант, с Бейсмором не справиться. У Кенни был потрясающий по силе удар правой прямой. Бейсмор был известным нокаутёром, и его безжалостную разящую перчатку почувствовали на себе к этому моменту уже многие. И что удивительно: даже такой маститый профессионал прибегал во время боя к своим маленьким хитростям. Так, мог намеренно выкинуть на ринг свою капу. Я точно знаю, что один раз он это сделал нарочно. Пока капу мыли и возвращали, Кенни отдыхал. Другой эффективный метод — схватить соперника за ноги или, как говорят боксёры, «броситься в ноги». Расчёт такого действия очевиден — рефери останавливает бой, и за несколько секунд передышки ты можешь отдышаться. Бейсмор попытался попрактиковать и такой способ, правда, в тот момент это уже не могло ему помочь.

Я вышел на тот бой подготовленный как никогда. Понимал, что надо захватить преимущество с самого начала. Если Бейсмор разойдётся и поймает кураж, остановить его будет невозможно.

И я выполнил свою установку. Начал бой максимально агрессивно, чего мой соперник совсем не ожидал. Самоуверенность сыграла с ним плохую шутку, он-то не сомневался, что пройдёт меня «одной правой». Но не тут-то было. И даже его ухищрения не сработали. А вот мне, наоборот, помогла победить моя давняя спортивная «фишка». Сыграло свою роль то, что, хоть я считался «левшой», но мог легко перестраиваться по ходу боя в «правильную» левостороннюю стойку. Бейсмор раз за разом попадался в мою ловушку. Развязка наступила в пятом раунде. Стремясь провести свой коронный правый, Кенни опять наступил на те же грабли. Мгновением раньше я встретил его таким мощным крюком слева, что признанный нокаутёр рухнул на ринг и не сразу смог подняться. Какое-то время он ещё пытался прийти в себя и даже продолжать бой, но было видно, что он окончательно поплыл. Рефери не оставалось ничего другого, как прекратить поединок.

Мой бой с Кенни Бейсмором, насколько я помню, попал тогда в «Сто лучших боёв года». Что говорит само за себя.

Бой с Рейем Оливейрой стоит для меня особняком. Это был мой двадцатый, предпоследний поединок в моей профессиональной карьере. Состоялся бой в Коннектикуте 3 ноября 1992 года.

Много позже, через несколько лет после того, как Рэй перестал выступать на профессиональном ринге и у него за плечами было более сорока боёв, его спросили, какой из них он считает самым запоминающимся. Оливейра без раздумья ответил, что это был поединок с Сергеем Артемьевым. «I will never forget that punch![1]» — добавил он тогда.

Когда я включаю это видео, то стараюсь смотреть на происходящее на ринге отстранённо, глазами стороннего наблюдателя. Но не получается. Я снова переживаю эти моменты и содрогаюсь от ударов Рея Оливейры. Мы боксировали все десять раундов. И все десять раундов на ринге происходило

[1] Я никогда не забуду этот удар! (*англ.*)

нечто невероятное. Это был тяжелейший для меня бой. Я бил по сопернику беспрестанно, вкладывая в удары всю мощь, на которую был способен. Но Рэй стоял как скала. И тоже атаковал. Словно трезвея от пропущенных ударов, обрушивал на меня град своих. Несомненно, мы стоили друг друга. Наверное, никто бы до самого финального гонга не смог бы с точностью предугадать победителя. Мы оба затратили на ринге колоссальное количество усилий, мы выплеснули себя до остатка. Согласно беспристрастной статистике, произвели за десять раундов неимоверное количество ударов каждый. Вы, наверное, думаете, что уж в таком-то бое обошлось без маленьких «фокусов»? Как бы не так! Пару раз после полученных от меня сокрушительных ударов Рей пускался на хитрость. Отпрыгивал назад и исполнял некий танец, поднимая руки вверх и как бы дразнясь и подзуживая меня. Он даже при этом показывал мне язык, пытаясь окончательно вывести меня из психологического равновесия. Но я не поддался на уловку. Судьи отдали мне победу со счётом 2:1. Американские судьи. В Америке. В бое с американским чемпионом.

Вот так.

Теперь мне на пути к вершине, чтобы сразиться за титул чемпиона мира, оставалось пройти лишь Карла Гриффита, что после победы над Пэйдоном (с ним был тяжелейший десятираундовый бой, после которого все три судьи отдали мне победу), Бейсмором и Оливейрой казалось задачей если не совсем уж лёгкой, то вполне решаемой.

Чёрная кошка

Вы не найдёте ни одного спортсмена, который абсолютно не верил бы в приметы. В той или иной степени. Везде, где ход поединка решают не только умения, но и удача, будут присутствовать свои предзнаменования и знаки.

Это может быть мелочью. Шнурком, завязываемым перед боем вначале непременно на правой боксёрке. Или определённой музыкальной композицией, включаемой в раздевалке. А может быть целым ритуалом — от подробного астрологического прогноза до распечатанной беседы с ясновидящей.

Но если ты добивался каких-нибудь заметных результатов в спорте, у тебя всегда это есть. Свои собственные приметы.

Я сейчас не могу раскрыть вам все секреты, потому как кое-что до сих пор срабатывает, причём даже если ты в это уже не веришь. Но вот про одно, можно сказать, мистическое совпадение мне поведать придётся.

А касаться оно будет самой, пожалуй, распространённой в России приметы — проклятию чёрной кошки.

Было самое начало 1993 года. И как тут не вспомнить ещё одну народную присказку — как встретишь Новый год, так его и проведёшь. Так вот.

Мы с моей женой Леной поехали в супермаркет. Обычная рутинная поездка длиной в пару кварталов. И вдруг прямо перед капотом моего «Шевроле-Беретты» промелькнула чёрная стремительная молния. Да, это была именно она. Чёрная кошка. Если бы со мной произошло такое где-нибудь в Гатчине, я бы, возможно, не обратил бы на это особого внимания. Но дело происходило в Нью-Йорке, где число бродячих кошек определённо стремится к нулю. А уж число чёрных бродячих кошек…

Я резко нажал на тормоз, отчего нас даже бросило вперёд на ремнях безопасности.

— Что такое? — испугалась Лена, оборачиваясь ко мне.

— Кошка, — сквозь зубы процедил я, ощущая в душе какое-то беспокойство, и добавил: — Чёрная.

— А где она? — спросила супруга, оглядывая улицу из окна.

— Убежала.

— Так поехали.

Но я ничего не мог с собой поделать. Ногу словно парализовало на педали.

Я переключил скорость, намереваясь сдать назад.

Но глянув в зеркало, понял, что это невозможно. Движение было односторонним, а сзади меня уже подпёр огромный мусоровоз, шофёр которого неприязненно разглядывал меня через лобовое стекло.

Раздался короткий звук клаксона. Водитель грузовика нетерпеливо посигналил, так как я совершенно, по его мнению, беспричинно перегородил ему проезд.

Ну не рассказывать же ему про кошку!

Я, сбросив оцепенение, снял ногу с тормоза и поехал вперёд, «порвав ленточку».

Но через несколько метров мне пришлось остановиться снова — там был знак «стоп».

Я обернулся к Лене и сказал:

— Наверное, я заболею…

— Не говори ерунды, — успокоила меня Лена. — У тебя бой скоро. Не надо думать о плохом.

И я, действительно, немного успокоился. До того момента, как через пару дней в мой «Шевроле» не въехал на перекрёстке чёрный седан.

В этот раз я был в машине с мамой.

Я ничего не нарушал. Дождавшись зелёного сигнала светофора, плавно тронул машину, чтобы проехать перекрёсток, и тут же получил внушительный удар в левое крыло от влетевшего на красный «Форда-Тауруса».

Понятно, я сразу кинулся к маме. Но ремни сработали штатно, и никаких особых травм ни она, ни я не получили, всё же столкновение не было таким уж катастрофическим.

Я открыл дверцу и вышел наружу. Место повреждения рассматривали трое молодых парней, судя по всему — водитель и пассажиры «Форда». Один их них был очень высоким, уж точно выше меня на голову. А двое других, хоть и пониже, но плотнее, прямо этакие накачанные амбалы.

— Вызывайте полицию, ваша вина! — сказал я, подходя к компании. Может, вышло чуть грубовато, но, честно говоря, меня эта авария вывела из себя. Ничего не нарушал, ехал себе спокойно по делам. А теперь всё, стоп машина — шина на левом колесе моего «Шевроле» лопнула, а крыло замялось, приподняв капот.

— Да пошёл бы ты, — бросил верзила, разгибаясь и поворачиваясь в мою сторону, и тут же… плюнул прямо мне в лицо!

И знаете, вот тут, в этот самый момент моя история жизни как бы раздвоилась. Если бы я утёрся и дождался полицию, то, кто знает, может, сидел бы сейчас в шезлонге на берегу океана в своём загородном коттедже. Да только смог бы я в этом случае простить тот самый плевок? И то, что утёрся, как ни в чём не бывало? И чем чаще я размышляю на эту тему, тем больше убеждаюсь, что нет, не смог бы. И никакое богатство не смогло бы заглушить мне в душе этого плевка.

Поэтому я поступил так, как должен был поступить.

Я ударил его по морде. Крепко так, профессионально. И этого высокому хватило. Ноги у него подогнулись, и он начал оседать на асфальт.

Но за него решился заступиться дружок. Один из амбалов подлетел ко мне и, бестолково махая кулаками, огрел меня несколько раз неопасно по плечам, к тому времени я уже успел машинально прикрыть лицо. Мой следующий удар оказался не менее успешным. Амбал словно наткнулся на бетонную стену и тоже поплыл, отчаянно хватаясь за скользкие бока своего «Форда».

Самым сообразительным из компании оппонентов оказался третий. Смекнув, что к чему, он развернулся и бросился наутёк.

Я тоже подхватился за ним, бегал-то я будь здоров. Но, видимо, страх гнал парня настолько сильно, что я его не догнал, вернее, не стал преследовать долго, пробежал метров сто и бросил. Только наблюдал, как болтается, удаляясь, его хвостик на голове, стянутый резинкой.

Место происшествия уже обступили зеваки, среди них мелькнул мужчина с полицейским значком.

— Не двигаться, полиция! — крикнул он, когда я приблизился. Как выяснилось позже, это был один из частных охранников ближайшего магазина.

Дальше всё было как-то обрывисто. Немного оклемавшиеся парни из «Форда», всё порывавшиеся пробраться ко мне и горящие желанием отмщения. Я, распластанный на капоте машины, — кто-то, толком не разобравшись, вывернул мне руку. Моя мама, отчаянно уговаривавшая меня не связываться. «Убьют, — причитала она, пытаясь удержать меня за куртку. — Убьют, покалечат!»

Потом мигалки и приезд экипажа дорожной полиции. Для местных зевак и обывателей — почти как в кино. Авария, драка, побег и задержания. А дальше окончательные разборки и извинения в мой адрес.

Но что мне были эти извинения? Я так неудачно подставил кисть, когда меня бросили на капот, что получил серьёзную травму и не смог выйти на бой за звание чемпиона Америки, который должен был состояться через неделю. Его перенесли на то роковое для меня 21 марта 1993 года.

А незадолго до этой даты я сильно заболел и не успел восстановиться, что и сыграло судьбоносную роль на ринге в Атлантик-сити.

Не могло же всё это произойти из-за какой-то чёрной кошки, ведь правда? Как вы считаете?

И вот что ещё. Иногда, прокручивая у себя в памяти тот эпизод с мелькнувшей перед моей машиной маленькой чёрной молнией, я иногда задаюсь вопросом, на который так и не нахожу ответа: — А была ли там вообще эта самая чёрная кошка, или она мне просто привиделась?

Свет звезды

Жизнь «до». И жизнь «после». Для меня это не журналистский штамп. Для меня это самая что ни на есть реальность. Мало того, время сыграло со мной очень злую шутку. После травмы из моего сознания были вычеркнуты события трёх предшествующих ей месяцев. Всё, включая последний бой, заполнила белая болезненная пелена. Мне пришлось заново проживать эти дни. Проживать своё прошлое, находясь в будущем. И я бы никогда не смог узнать, что со мной произошло, если бы не мои близкие. Которые, не жалея ни сил, ни времени, помогали мне восстанавливать события, случившиеся перед тем роковым поединком. Что-то я почерпнул из дневников мамы, что-то рассказали жена и брат. Что-то осталось зафиксированным на безучастной плёнке.

Я не помню произошедшего со мной в те первые месяцы 1993 года до сих пор. Не помню, но знаю, что произошло.

Зритель видит выходящего на ринг боксёра. Он не знает, о чём тот думал всю эту ночь накануне. Он не знает, как тот себя чувствует. Он не может залезть в его шкуру. Да, это несправедливо, но это правильно. Это спорт. Спорт высших достижений. Тот самый спорт, который обязывает тебя: если ты вышел на ринг, на ковёр, на помост, на дорожку, значит ты готов к тому, что можешь победить. Или проиграть.

Я не хочу оправдывать себя тем, что происходило со мной перед боем. Я рассказываю это лишь для того, чтобы дать вам возможность объективно взглянуть на события. Не пожалеть меня, но проникнуться этим моим болезненным состоянием.

По всем канонам, я не должен был 21 марта 1993 года выходить на ринг в «Тадж-Махале», Атлантик-сити, вовсе. По медицинским показателям. Кто виноват в том, что мне разрешили это сделать? Я не вправе кого-то обвинять, тем более я не отказался сам. Я искренне надеялся, что мне хватит моего здоровья. И мне его хватило. Но всего на три раунда.

Печальная ирония состоит в том, что большинство специалистов склонялось к тому, что в этом поединке будет как раз около трёх раундов. Именно столько понадобится восходящей звезде мирового ринга Сергею Артемьеву, чтобы сломить сопротивление Карла Гриффита — хоть и умелого боксёра, но никак не сравнимого в данный момент времени с русским талантом. Я выходил на ринг неоспоримым фаворитом. Так считали все, включая Карла Гриффита.

Так что же случилось со мной за эти три предшествующих поединку месяца?

Я заболел. До сих пор нет единого мнения, какую заразу я подхватил. Несколько дней у меня держалась высокая температура, ломило кости, голова трещала так, что я не мог спать по ночам. Вначале я лечился от обычной простуды. Но после того как лучше не стало, пришлось применять более сильные препараты и антибиотики. Уже много после один знакомый доктор предположил, что у меня в те дни могло быть очень опасное осложнение после гриппа, общая клиника была похожа на миненгиальный синдром. Уверен в одном: что бы там ко мне ни прицепилось, эта самая зараза так и не вышла окончательно из моего организма вплоть до боя в Атлантик-Сити. Кроме этого, я не смог заснуть перед поединком в последние три ночи. Лишь иногда, на несколько минут, мой мозг отключался, принося тревожную дрёму, но и она не переходила в глубокий сон. Я продолжал страдать, ворочаясь с боку на бок и прислушиваясь к равнодушному дождю за окном. Победа в поединке с Гриффитом должна была открыть мне дорогу к бою за звание чемпиона мира. Может быть, и поэтому тоже, из-за того, что на карту было поставлено слишком многое, я вышел в тот вечер на ринг.

Если смотреть бой по видео, то можно заметить, что первые три раунда на ринге боксирует Сергей Артемьев. Тот самый, что победил юного Шейна Мосли в 1989 году, что одолел Рафаэля Солимана и Брайанта Пэйдона, Кэнни Бэйсмора и Рея Оливейру.

Да, быть может, этот Сергей Артемьев «раскачивался» немного дольше, чем обычно, но он обязательно дожал бы соперника в следующих раундах, если бы…

Даже хорошо, что я не помню то своё состояние. Что я испытывал? Какие мысли роились в моей голове? Как я умудрялся оставаться стоять на ногах и продолжать поединок? Совершеннейшая загадка.

Почему рефери не остановил бой? Он что, ослеп? Или оглох? Не слышал, как зал, раз за разом, начинал скандировать «Stop the fight! Stop the fight!»[1]? Почему не остановил бой тренер Томми Галлахер? Когда мой брат прорвался к нему и, негодуя, потребовал выбросить полотенце?!

— Всё в порядке, — ответил Александру Томми, — сейчас Сергей ему покажет…

Не знаю. Не помню.

Но я знаю, что в этом самом десятом раунде получил сильное рассечение. Оно стало следствием мощной комбинации из семи ударов, что провёл Гриффит. Я упал, но смог подняться, помогая себе рукой: ухватился ею за канат. Кровь хлынула из подглазья ручьём, несколько капель попало на зрителей, сидевших в первом ряду. Судья, фамилия которого, кстати, была Gondon, что очень символично, остановил поединок, досчитал до восьми и, видя, что кровотечение не прекращается, велел мне идти через весь ринг в другой угол, где находился врач. Рефери даже не сопроводил меня, лишь безучастно смотрел, как я, пошатываясь, пересекаю ринг, оставляя на нём капли крови. Доктор нацепил очки, посветил фонариком и махнул рукой — прекращайте бой! Позже я узнаю, что это глубокое рассечение спасло мне жизнь. Благодаря ему умень-

---

[1] Останови бой! (*англ.*)

шилось внутричерепное давление. Если бы этого не произошло, меня, скорее всего, не довезли бы до больницы, и даже если бы и довезли, то я бы там умер.

Когда поединок остановили и на ринге началось столпотворение — большинство поздравляло победителя, — я ещё держался некоторое время. Какой-то репортёр попросил разрешение меня сфотографировать. Я по привычке хотел встать в боксёрскую стойку, но уже не смог. Обмяк на руках стоящих рядом людей и провалился в очень долгую, почти бесконечную кому.

Меня увезли из Атлантик-сити прямиком на операционный стол. Чтобы дать мне шанс задержаться на этом свете, потребовалась трепанация черепа. Мало кто из врачей верил, что я выживу. Что уж говорить о журналистах; газеты вышли с беззапеляционными заголовками, сообщающими, что русский боксёр погиб на ринге.

Конечно, я размышляю и пытаюсь анализировать. Что погубило в итоге мою спортивную карьеру? Кто несёт за это персональную ответственность? И можно ли было избежать такого страшного финала?

И чем чаще я возвращаюсь к тем печальным событиям, тем чётче понимаю, что, как и очень многое в этой жизни, всё произошло из-за целого ряда обстоятельств, из которых трудно выделить что-то одно. Так уж всё сложилось в несчастливый для меня паззл. Да и винить кого-то конкретного я, видимо, всё же не имею права. Все мы когда-нибудь ответим за деяния наши. Приватно и индивидуально. А пока я жив, я буду смотреть вперёд. В те дни, которые мне ещё предстоят. Но иногда, в самые особенные минуты, я обязательно буду возвращаться к прошлому.

Ретроградная амнезия

Любой медицинский диагноз страшен. Больничная обстановка, специфический запах физического несчастья — думаю, каждый из нас хоть раз попадал в такую гнетущую атмосферу. Как вы понимаете, не избежал этой печальной участи и я.

То, что произошло со мной вечером 21 марта 1993 года в госпитале Атлантик-Сити, можно назвать настоящим чудом. Это не высокопарные слова. Мы привыкли видеть такое на экране, в кино. К такой драматургии часто прибегают, чтобы максимально ярче показать выдуманные эмоции, заставить зрителя сопереживать и проникаться моментом.

Со мной всё это произошло в реальной жизни.

Через двадцать семь минут после того, как я потерял сознание в «Тадж-Махале», я уже лежал на операционном столе.

У меня был повреждён мозг, чтобы дать мне хоть гипотетический шанс, требовалась трепанация черепа.

Разумеется, я ничего не мог знать о том, что завтрашние газеты меня похоронят. Выйдут с заголовками, в которых расскажут, что великий русский боксёр скончался после боя в больнице. Я до сих пор храню эти вырезки. Иногда, пересматривая их, я испытываю странное чувство. Как будто читаю про другого человека, моего двойника, которого тогда «не вытащили».

Операция длилась четыре с половиной часа.

Многочисленные кровоизлияния, тяжелейшие травмы, плохо совместимые с жизнью.

Над столом с моим вскрытым черепом работали три хирурга. Это были специалисты высочайшего класса, повидавшие на своём веку всякого. Среди них был и доктор Пфайффер, в своё время прославившийся успешной операцией, сделанной известной певице Глории Эстефан.

И для двух из них ситуация была совершенно очевидной: пациент не выживет. Все доктора циники, им приходится сталкиваться со смертью постоянно, что, несомненно, накладывает свой профессиональный отпечаток на их суждения. Как ни печально, но умирают все. И если обычный добропорядочный гражданин, далёкий от медицины, видит в этом огромную человеческую трагедию, то врач лишь сухо констатирует неминуемое.

Два хирурга, делавших мне операцию, уверенно сказали, что я не выживу. Нет, они, естественно, продолжали бороться за мою жизнь, по-другому и быть не могло. Но…

Лишь третий специалист, доверившись своей интуиции, заявил, что я могу выкарабкаться. Правда, на всю жизнь останусь парализованным инвалидом.

Как ещё, если не чудом, назвать то, что я сейчас пишу эту книгу?

Что я не только выкарабкался, но и смог вернуться к полноценной жизни?

Да, последствия такой тяжелейшей травмы не могли пройти для меня бесследно. Не буду перечислять свои нынешние болячки, это совершенно ни к чему. Скажу лишь, что, пролежав после той самой операции в коме двенадцать дней, я получил ретроградную амнезию. Три месяца, что предшествовали роковому бою, начисто стёрлись из моей памяти. Позже пришлось восстанавливать этот кусочек моей жизни по крупицам, фрагментам. И мы это сделали. Благодаря моей маме, которая вела тогда дневник, благодаря моему брату, жене, друзьям-спортсменам и просто хорошим, неравнодушным людям.

Не могу не сказать вот ещё о чём. Пусть это тоже может показаться какой-то мистикой или метафизикой, но я уверен, что к моему чуду выздоровления причастен тот, кто напрямую или даже косвенно в силу своего возраста никак не мог повлиять на моё состояние. Но он повлиял. Хотите верьте, хотите нет, но мой только что рождённый сын Пётр вытащил меня с того света. Где-то на подсознательном уровне, где-то в глубине и закоулках своей души я точно знаю, что он присутствовал тогда незримо со мной, и благодаря этому я шаг за шагом выкарабкивался из тёмного небытия, даря своё возвращение сыну и посвящая его тоже ему.

Ему и Богу. Потому что рано или поздно ты приходишь к этому пониманию и принимаешь его со смирением и чувством глубокой благодарности. В конце концов, наследника мне тоже подарил Господь. Словно решил дать мне повод задержаться на этом свете.

Восстанавливая свою жизнь по памяти других людей, я задаюсь рядом важных вопросов. Многие из них, я уверен, так и останутся без ответов.

Быть может, некоторые вопросы сродни риторическим, таким, например, как «почему сегодня прошёл проливной дождь?» или, как писал Есенин, «Кого жалеть? Ведь каждый в мире странник — пройдёт, зайдёт и вновь оставит дом…».

Начиная с той самой злополучной аварии 5 января 1993 года, словно бы само провидение противилось тому, чтобы я последовательно двигался к своей цели. Судите сами. Вначале этот нелепый инцидент и не менее обидная травма. В итоге — решающий бой переносится на март. Затем моя болезнь накануне поединка. Тоже странная, необычная, отнимающая все силы. Сейчас уже не поставить точный диагноз, но когда я описывал свои симптомы знакомым докторам, они тревожно морщили лоб. Да, возможно, это был грипп, но грипп с осложнениями, недолеченный, перенесённый практически «на ногах». Не исключали они и менингиальный синдром, об этом могли свидетельствовать мои тогдашние не проходящие головные боли и выматывающая бессонница, я не спал трое суток перед боем; приступы агрессии, когда я ходил ночью по комнатам и кричал: «Я никак не могу заснуть!» Температура 39,7 °C держалась у меня целую неделю, пока её не сбили сильнодействующими таблетками.

Всё это не могло пройти без последствий. Почему меня выпустили на ринг? Как местный врач не сумел определить моего истинного состояния и дал разрешение на бой?

Почему рефери не остановил бой, видя моё неадекватное состояние после четвёртого раунда? Почему он раз за разом всматривался мне в лицо и, не фиксируя никакого вменяемого ответного взгляда, продолжал выкрикивать «бокс!». Хотя даже зрители с трибун требовали остановить поединок.

Почему мой тренер, Томми Галлахер, не выбросил белого полотенца, когда к нему примчался мой брат, прекрасно понимая, что происходит на ринге?

Знаете, каждая катастрофа — это череда многих-многих событий, настолько причудливо сложившихся в трагическую цепочку, что предвидеть такое практически невозможно. Видимо, нечто похожее произошло и в моей судьбе. Я очень далёк от всевозможных теорий заговора и конспирологических версий. И, честно признаться, я не хочу в это верить.

Но так уж случилось, и ничего не попишешь. Можно это обсуждать, строить разные предположения, но изменить, увы, уже ничего нельзя. Человек рождается, а его жизнь уже расписана. Только в редких случаях мы можем свернуть вправо или влево, но всё равно возвратимся в итоге на свою колею.

Поэтому пусть все эти вопросы так и останутся для меня и для вас риторическими.

Как и у Есенина:

> Кого жалеть? Ведь каждый в мире странник —
> Пройдёт, зайдёт и вновь оставит дом…

Реабилитация

Меня заново учили ходить, разговаривать, самостоятельно принимать пищу. Делать самые простые, обыденные движения, которых мы в своей нормальной жизни даже не замечаем. Я начал потихоньку двигать рукой. Непередаваемые ощущения, когда ты понимаешь, что пальцы выполняют движения по твоему мысленному приказу. Если в первые, младенческие годы жизни ты просто не осознаёшь этого, то во взрослом состоянии всё воспринимается совершенно иначе.

Потом я начал брать в руку ложку. В левую руку. Сработал врождённый инстинкт. Ведь я всегда был левшой, хоть и боксировал в основном в левосторонней стойке. Много лет назад тренеры сделали такой ход искусственно, чтобы дать мне преимущество перед соперником. Сейчас обмануть природу было невозможно. Ложка в пальцах держаться не хотела, выскальзывала. Потом кое-как я стал зацеплять ей кашицу. Потом кое-как подносить ко рту.

Из-за ретроградной амнезии я не помнил последних четырёх месяцев: двух, предшествовавших травме, и двух после неё. Но и после выхода из комы память моя была далека от идеальной.

Ложкой пользоваться я с горем пополам научился. Уже сидел самостоятельно.

Жена, когда меня навещала, приносила мне сына. Я уже рассказывал, что Пётр, родившись, по сути, вытащил меня из комы. И потом, в период самой тяжёлой, начальной реабилитации, жена часто приходила с ним в палату. Однажды, после того как я побыл вместе с Петей какое-то время, у меня неожиданно проявился большой прогресс в восстановлении. Ещё вчера лежал с землистого цвета лицом, больше смахивая на покойника, а сегодня, глядишь, порозовел и на человека похож. Врачи только разводили руками. Это было сродни чуду. Но я-то знал, что это сын меня исцеляет. Полежит на мне, обнимет по-детски своими ручонками — вот и результат.

Когда я уже немного пришёл в себя и пытался соображать, Лена продолжала приносить мне Петра. Как-то раз по обыкновению положила его сверху на меня.

— Это, — говорит, — твой сын. Поцелуй ему ручку.

Я некоторое время на Петю смотрел, потом поднёс его крохотную ручку к губам и от полноты чувств не поцеловал, а куснул. Сын в крик. Лена его выхватила, а я всё равно улыбаюсь.

Ещё помню, как стоим с Леной возле баскетбольной площадки. Их тут, на Брайтоне, полно. Это уже много после, когда я научился самостоятельно ходить в туалет, и меня отправили долечиваться домой.

Лена держит мяч. Сейчас она кинет его мне, а я должен буду поймать. Я приседаю, расставляя руки кольцом, чтобы всё получилось. Жена кидает, я вижу, как летит мяч, пытаюсь сделать движение, но опаздываю. Мяч проходит мимо рук и глухо стукается об асфальт. А я только тогда сжимаю руки.

— Ещё раз! — безжалостно заявляет Лена и снова встаёт на исходную.

Или вот, например, когда я едва окончательно не разбился. В собственной ванной, представляете? Лена, как обычно, мыла меня мочалкой, а тут звонок в дверь. Бабушки дома нет, гуляет с внуком. Открыть больше некому. Лена меня к стенке лицом поставила, руки выставила, чтобы я опирался, и строго-настрого приказала:

— Стой так, не двигайся! Голову не поворачивай! Я мигом…

И вышла.

А через несколько секунд раздался грохот.

Забегает обратно, на лице — ужас, а я стою в ванной на четвереньках: не удержался, рухнул вниз со всего маху, а голова рядом с выступающим из стены краном. Два сантиметра левее — и вся моя реабилитация закончилась бы. А так ничего, повезло, стою на карачках, на Лену смотрю и улыбаюсь во весь рот.

В ванной, кстати, мы часто находили леску. Ту самую, которой мне череп зашивали после трепанации. Хирурги установили на вскрытые части удерживающие скобы, а все разрезы зашили медицинской леской. Вот через какое-то время в процессе заживления швов эта самая леска и начала отваливаться кусочками. Извините уж за такие подробности.

С эмоциями у меня очень долго дело обстояло неважно. Последствия посттравматического синдрома, если по-научному. Не совпадали они с действительностью. Окружающих это часто даже пугало. Что вы хотите? Смотрим мы, например, какую-нибудь слезливую мелодраму, а я вдруг в самый душещипательный момент начинаю безудержно хохотать, да так, что меня в две погибели сворачивает. Или наоборот. Слёзы катятся ни с того ни с сего, когда остальным весело. Со временем, правда, родные привыкли к моим чудачествам, но, по их словам, всё равно иногда жутковато было.

Но зато как радовались близкие, когда случались какие-нибудь положительные моменты и намечались улучшения.

Как-то раз брат вёз меня в Атлантик-сити на очередные процедуры, а я смотрю, смотрю в окно по сторонам и вдруг сообщаю:

— Знакомая дорога! Я же по ней на бой ехал. Накануне выехал, утром подготовка, взвешивание, а вечером уже бой был.

Александр тогда посмотрел на меня восхищённо. Он в целом по выражению чувств «сухарь» по жизни, но когда видел какие-то моменты моего выздоровления, очень сильно радовался. Вот и на дне рождения Галлахера, когда мы с братом встретились, он так растрогался, обнял. «Так рад, —

говорит, — за тебя, Серёга!» Раньше я его редко таким эмоциональным видел.

Какое-то время, кстати, на восстановлении, мы с семьёй прямо там и жили, у моего тренера, Томми Галлахера. А из реабилитационного центра в Атлантик-сити меня возили на огромнейшем лимузине. Лена, которая иногда меня сопровождала, первый раз, когда в него села, повела удивлённо головой и говорит:

— Я думала, такие машины только в кино бывают.

Многие, конечно, ко мне относились очень тепло после травмы, помогали кто чем мог. В ресторане «Националь», на Брайтоне, как-то даже звук колонок уменьшили в вечерней программе, чтобы нам с женой за столиком комфортнее было; у меня громкие звуки всё ещё дискомфорт вызывали. И вот администрация про это как-то прознала и такой жест доброй воли устроила. Приятно было, что ни говори. Жаль, закрылся этот наш любимый ресторан недавно, сколько с ним хороших воспоминаний связано…

Да, чуть не забыл рассказать про один телефонный звонок.

Лена, когда уходила и оставляла меня одного, автоответчик всегда отключала.

Заставляла меня снимать трубку и записывать, кто и зачем звонил. В специальный блокнотик. И требовала ещё, чтобы я одновременно всё запоминал. А когда приходила, я должен был по памяти вначале рассказать, кто звонил, а потом уже свериться с записями.

Так вот. Звонит, значит, как-то телефон, я беру трубку.

— Хэлло… — голос такой тихий-тихий, испуганный даже. — Можно поговорить с Сергеем Артемьевым?

— Я, — говорю, — у аппарата!

— Это Карл Гриффит, — сообщает абонент совсем уж тихо, шепчет почти. — Очень сожалею, что это случилось. Прости меня.

— Да за что прощать, это же бокс, — отвечаю я.

— Всё равно прости. Первые три раунда я чувствовал твой удар, а потом перестал. А начиная с восьмого ты бил, но бил уже не в меня. Ты должен был выиграть, но так получилось. Выздоравливай.

Я заверил парня, что всё было по правилам и ему не за что себя корить. Так бывает. Это бокс. И всё равно он ещё раз на прощанье, после того как я пожелал ему удачи, проговорил-прошептал очередное «прости».

Хотя я и не записал тогда этого в блокнотик, но запомнил этот разговор на всю жизнь.

О тех, кто рядом

Так случилось, что в поединке с Карлом Гриффитом на меня не была оформлена медицинская страховка. Причём, по иронии судьбы, её не оформили на этот самый роковой год, на 1993-й. Прохлопал менеджер. Не доглядел промоутер. Забыли по халатности или сделали это намеренно из-за сомнительной экономии, мне так и не удалось выяснить. Впрочем, теперь это уже и не важно. Зато важно другое — когда я попал в больницу, кто-то должен был оплачивать и дорогостоящие операции, и долгий период реабилитации. Разумеется, у меня и моей семьи таких денег не было даже близко. Из-за отсутствия страховки официальных средств тоже не было. И тут сработала истинно русская черта характера — сострадание к ближнему. Хоть я и пребывал в Нью-Йорке, вдали от родины, именно русская диаспора организовала сбор необходимых средств. Помогали все, от дальних и близких родственников до известных людей. Очень большую помощь оказали русские хоккеисты (наиболее значительный вклад внесли Дарюс Каспарайтис и Владимир Малахов, выступающие в это время за «Айлендерс»). Также не могу не отметить участие на тот момент чемпиона мира в наилегчайшем весе боксёра Юрия Арбачакова. Вскоре была объявлена целая благотворительная кампания, и деньги стали перечислять не только земляки, но и простые американцы, в основном мои болельщики. Надо сказать, что публика в Америке довольно консервативна в плане патриотизма. И чтобы завоевать расположение общества, любому иностранцу нужно очень потрудиться. Но у меня появились и такие поклонники.

Мне трудно судить, с чем это было связано, я надеюсь, что в большей степени с моим стилем боя, бескомпромиссной манерой ведения поединков. Неоднократно я слышал, что за мной всегда было интересно наблюдать на ринге, и это многих подкупало. Как бы там ни было, я продолжаю ощущать безмерную благодарность ко всем этим людям, которые в тяжёлые для меня дни не пожалели своих средств и оказали мне, без преувеличения, жизненно необходимую помощь. До сих пор храню чек от одного маленького мальчика, который выслал мне пять долларов. Это было необыкновенно трогательно. Я не мог подвести всех этих людей с большой душой. Я должен был выкарабкаться. И мне это удалось.

Но удалось не только из-за надлежащего ухода и опеки моих родных.

При госпитале, куда меня увезли прямо с ринга, есть церковь. Мой брат Александр, после того как меня положили на операционный стол, молился в ней до самого утра. Потом пришёл священник и провёл службу. Этот же священник приходил потом и ко мне. Пока я две недели пребывал в коме, он читал надо мной молитвы, возносил хвалу Господу и уповал на надежду исцеления. И он достучался до Небесных врат, Бог дал мне этот шанс, и теперь я должен был любыми способами оправдать это великое доверие.

Навещал меня в больнице и ещё один очень важный для меня священнослужитель, относящийся к местной православной епархии, — Епископ, а ныне Владыка Илларион. Именно после его визита и участия я снова начал разговаривать. До этого только молчал, рассматривая потолок палаты. А после визита Епископа Иллариона стал тихонько пришёптывать: «да-да», «нет-нет», «Петя», «хочу», «сын». Бог всегда помогал мне в эти трудные времена, всё сильнее укрепляя мою веру.

Именно он, Епископ, а ныне Владыка Илларион, который присутствовал на вручении мне пояса чемпиона мира, церемония которого была организована в конце 1993 года в Трамп-тауэр, ещё раз воздал хвалу Господу за то, что он оставил меня на этом свете. С этим не мог не согласиться и знаменитый доктор Пфайффер, тоже участвующий в презентации и прекрасно осознававший всю тяжесть полученных мною повреждений на ринге в Атлантик-Сити. После того как великий Джо Фрезер вручил мне пояс, окончательно в этом убедился и я.

Потому что стоял сейчас на сцене благодаря хирургам, которые меня оперировали, благодаря незримому участию в моей судьбе моего родившегося сына Пети и благодаря Господу нашему. И только так!

Несомненно, у каждого своя история отношений с Богом. Не подлежит сомнению и то, что пути Господни неисповедимы. Я могу лишь говорить о своём понимании, о своей вере, о своих убеждениях. Одно из них в том, что нельзя получать, не отдавая. Конечно, эта книга не место для философских размышлений, но мало кто оспорит наличие в мире высшей благости, которая нет-нет да снисходит на ближнего. На мой взгляд, не лишним бывает задуматься в такие моменты, за какие заслуги послана она нам и не желаем ли мы большего, чем можем дать сами?

Мне очень повезло с тем, что меня всегда окружали люди, стремящиеся мне помочь. Последствия такой тяжёлой травмы остаются на всю жизнь и иногда дают о себе знать. И когда необходимо — друзья и близкие продолжают поддерживать меня. Среди моих самых верных товарищей — Андрей Островский, Вадим и Александр Дольские, Олег Бусыгин, Денис Громов, Андрей Воробьёв. И многие-многие другие, о которых я буду помнить всегда. А ещё в моей жизни есть Анна, которая всегда рядом и которая никогда не бросит в трудную минуту. Как и я её. Во всяком случае, сделаю для этого всё что смогу.

Пётр Сергеевич

Пётр Сергеевич Артемьев появился на свет 31 декабря 1992 года.

И первым, кого он увидел на этом свете, был я — его отец.

Я только что собственноручно перерезал пуповину[1] и смотрел на своё родное крохотное чудо. Мама в это время лежала в полузабытьи, рожала она без обезболивающих уколов, что называется, вживую. Облегчить муки ей помогала лишь Природа. Как только Лена немного пришла в себя, я показал ей нашего первенца. По моим щекам катились слёзы облегчения.

— Петя, — сказала она крохотному свёртку. — Я тебя очень сильно люблю и люблю твоего папу.

Разногласий с выбором имени не было. Мы назвали нашего сына Петром. В честь Петра Первого. К тому же сын был у нас действительно первым, а личность Всероссийского императора Петра Великого я всегда уважал.

Супруга не спорила. Это имя и ей казалось самым подходящим.

Так в самый канун Нового, 1993, года на нашу землю шагнул ещё один её представитель.

Конечно, не догадываясь, что уже через три месяца, сам того не подозревая, поможет спасти своего отца.

---

[1] Врач-акушер протянул мне огромные чудовищные ножницы; я в ужасе убрал руки за спину. «Режь!» — сказал доктор. Я, побледнев, отрицательно покачал головой – ему же, моему сыночку, будет больно! «Режь!» — почти крикнул акушер, силой впихивая мне в руки инструмент. И добавил «пару непечатных ласковых»: «Ты же отец, ...!»

Да, я выжил после операции, в том числе и благодаря своему сыну. И ради него. Я уверен в этом на сто процентов. Даже находясь в коме, я продолжал ощущать подсознанием его присутствие. И выкарабкался. Чтобы быть с ним на одной стороне.

Несмотря на то что с Леной нам пришлось расстаться, общаться с сыном я не перестал.

Нас можно было назвать родственными душами. Я нет-нет да узнавал в нём себя маленького. В его любознательности, в его упорстве, в его стремлении к достижению цели.

Мне никогда не было в тягость нянчиться с ним, пока он был совсем крохой. Я с удовольствием провожал его в школу и встречал после уроков. Мы разговаривали с ним о всяком.

Знаете, воспитание детей непростое ремесло. Не существует идеальных правил. Каждый ребёнок — это отдельная история. И лишь потом, когда твой сын или дочь вырастет, только тогда ты сможешь оценить, правильные ли слова ты ему говорил в детстве. За дело ли ругал и наказывал. За то ли поощрял и баловал.

Сейчас, когда ко мне в гости приходит высокий молодой человек, я понимаю, что многое в моей жизни было не зря. Ведь я тоже принимал участие в воспитании своего сына. И вот этот доброжелательный, целеустремлённый, понимающий парень сидит сейчас напротив меня, и мы можем поговорить с ним на любую тему. Откровенно и открыто. Как и тогда, в детстве.

Часто бывает, что у сыновей доверительные отношения складываются с мамой, но у нас было иначе. Самые секретные секреты Петя доверял только мне. И детские, и юношеские. Видимо, я заслужил его доверие. И всегда был готов подсказать советом и поддержать в трудной ситуации.

Слава Богу, что такие наши отношения со временем не изменились. Он и сейчас порой делится со мной сокровенным. Спрашивает совета, интересуется, как лучше поступить в той или иной ситуации.

Я заслуженно горжусь своим сыном. Сейчас поймал себя на мысли, что гордился своим сыном всегда. И когда он получил первую отличную оценку, когда встал на коньки в хоккейной секции, когда вошёл в школьную команду по баскетболу. Когда занял второе место по карате Муай Тай, уступив только лишь двукратному чемпиону Америки. Тогда про это даже написали в «Русской газете», уважительно упомянув полное имя моего сына — Пётр. Обычно, чтобы озвучить успехи ребят в юношеском спорте, возраст подчёркивали уменьшительными вариантами имён. Евгения называли Женей, Александра — Сашей, но в этот раз чёрным по белому в заметке было указано по-настоящему, по-взрослому — Пётр (а не Петя) Артемьев. Вот этот самый, для других, быть может, незначительный штришок почему-то очень мне запомнился. Может быть, потому что я уже «на официальном» уровне осознал, что мой сын вырос и стал настоящим мужчиной.

Был один показательный момент. В сложный период переходного возраста, когда на взрослеющих пацанов обрушивается гормональный всплеск, заставляя их совершать глупейшие поступки, следует быть с ними особенно внимательными. Пётр на этом отрезке своей жизни стал настолько неуправляем, что обессилившая бороться с его завихрениями мама Лена (мой сын жил с ней и отчимом), в сердцах отправила его ко мне «на перевоспитание». Мы собрали его нехитрый гардероб в две вещевые сумки и переехали ко мне, вместе принимая этот вызов. Тогда в его жизни случалось всякое — и плохая компания на улице, и отрицание жизненных ценностей, и первые подростковые бунты. Но мы справились. Постепенно, шаг за шагом, я оградил его от уличных хулиганов, растолковал простые истины, научил прислушиваться к чужому мнению. Во многом переломить юношеский кризис помогли его «командировки» в Военную академию (Military Academy). Это довольно распространённая практика среди русских, да и американских, семей — отправлять своих детей в период взросления в некий аналог Суворовского училища, если проводить параллель с Россией. Дисциплина и военный уклад довольно быстро меняют подростковое мировоззрение, и, как правило, месяцы, проведённые в Академии, заставляют отвлечь подростков от плохих компаний «на гражданке». По прибытии из очередной «военной» командировки Пётр ощутимо изменялся в лучшую сторону. Мы даже с ним по-доброму шутили, обращая внимание, что он ещё некоторое время после возвращения из Академии продолжает по инерции отвечать строго по уставу. Как бы то ни было, пик кризиса нам удалось сгладить, а вскоре сын полностью «переболел», и его переходный возраст остался позади.

Когда мы вместе с сыном, не так давно, ездили на мою родину, в Санкт-Петербург, который когда-то был Ленинградом, он с большим удовольствием внимал моим рассказам о детстве, проведённом в этой «северной столице» России. Восторженно улыбался, когда я поправлял и дополнял экскурсовода, рассказывающего о достопримечательностях. С удовольствием бродил со мной по маленьким улочкам, с интересом рассматривая старые стены домов. Петербург очаровал его.

— Почему вы с мамой не остались здесь жить? — спросил он после очередной прогулки, когда мы возвращались в дом моего брата, где всегда останавливались, посещая родной город. — Здесь так красиво.

— Потому что так получилось, что у нас с твоей мамой вся жизнь теперь связана с Америкой. Мы прожили там больше половины жизни, — ответил я Пете.

И стал рассказывать сыну ещё о многом.

О своём втором рождении, которое тоже произошло в США. Без преувеличения: меня заново учили читать, ходить, держать ложку. Такое не проходит бесследно. О том, что люди по обе стороны океана всё же разные. Заходя в любой магазин в Бруклине, ты всегда встретишь дружелюбную улыбку и обходительное отношение; в Петербурге, да и в целом в России люди чаще всего встречают настороженно. Не потому что они злее, а потому что такой менталитет. И большинство россиян, я уверен, отличные, открытые, гостеприимные ребята. Но их жизнь заставляет вести себя с первым встреченным соответственно. В Америке тоже не всё идеально. И совершенно не факт, что улыбающийся тебе при встрече сосед не «прячет за пазухой камень», но общая атмосфера здесь помягче. И к этому, что ни говори, привыкаешь.

Я не вижу правым глазом. И частенько бывает, что толкаю кого-то в людском потоке просто потому, что с этой стороны у меня чёрная пелена. В Америке при этом достаточно извиниться, и инцидент становится исчерпан. Будь я в России, не уверен, что такой толчок всегда сходил бы мне с рук. Особенно в сумерках где-нибудь вдали от центра.

Но я всё равно рассказывал сыну очень много хорошего про Россию. Потому что на самом деле считаю, что у русских людей очень большое сердце. Они не привыкли прятать за вежливым выражением лица свои чувства. Они, пусть и без дежурной улыбки, но всегда помогут, обогреют, морально поддержат; с другой стороны, всегда открыто, в глаза, скажут, если заметят что-то плохое.

Да, я родился в СССР, в городе-герое Ленинграде. И никогда не буду забывать этого и уж тем более стесняться. Но моя жизнь теперь связана с Америкой, я живу в Бруклине. Я гражданин Соединённых Штатов. И останусь им уже до конца. Как и мой сын, Пётр Сергеевич Артемьев.

Поле чудес

У меня никогда не было звёздной болезни, я так думаю. По роду своей деятельности мне приходилось общаться со многими знаменитостями в разных видах спорта и культуры. Но подробнее хочу рассказать об одном весёлом мероприятии, случившемся в ресторане «Парадайз» (хозяин — Валерий Земнович). Там проходила выездная сессия звёздной передачи «Поле чудес» с её бессменным ведущим Леонидом Якубовичем и знаменитым игровым барабаном.

«Поле Чудес» заявилось к нам в Бруклин, на Брайтон-бич, 1 декабря 1993 года. Тогда эта передача только набирала ход, но уже была дико популярной как в России, так и среди русскоговорящей эмиграции.

Я тоже получил приглашение на участие.

Кроме меня, игроками капитал-шоу, организованного в «Парадайзе», стали и другие узнаваемые и даже знаменитые люди.

От моего дома до места проведения выездной сессии «Поля Чудес» было рукой подать, десять-пятнадцать минут пешком.

Ресторан едва смог вместить всех желающих. Всё было по-настоящему: огромный разрисованный барабан с секторами, неизменный шоумен, аутентичные декорации. Поговаривали, что будут разыгрываться неожиданно крупные призы. В общем, было на что посмотреть. А уж наблюдать за всем действом изнутри, с позиции полноправного участника, было и вовсе мечтой многих. Таким образом, можно сказать, что мне повезло. Я стал одним из таких счастливчиков.

Распределили меня во вторую тройку.

Моими соперниками по первому туру стали композитор Александр Журбин и очаровательная дикторша ТВ Валентина Печорина.

Ещё перед началом шоу я за кулисами нос к носу встретился с Анатолием Кашпировским. Его телесеансы в то время произвели огромный фурор, и он представлялся многим фигурой совершенно фантастической.

— Сергей, — сказал он, деликатно оттягивая меня в сторонку. — Я наслышан о вашей травме. Восхищён вашим мужеством. Я готов вам помочь, и совершенно бесплатно! В любое время. Просто свяжитесь со мной. Сделаю всё что смогу.

Я сдержанно поблагодарил, но предложением в будущем так и не воспользовался, рассудив, что человеческое сознание — всё-таки ещё настолько непознанная материя, что экспериментировать с ним нужно крайне осторожно. Мы посоветовались на эту тему с женой, и она полностью меня поддержала, — после такой травмы, как у меня, любое вмешательство в сознание может привести к непредсказуемым последствиям.

Атмосфера в «студии» царила праздничная. Даже несмотря на то что Лёня Якубович опоздал на полтора часа. Но, видимо, это было издержками той самой популярности.

Когда элегантный ведущий вышел на подиум, воинственно шевеля своими знаменитыми усами, все вмиг забыли про опоздание. Что-что, а держать внимание публики Якубович умел на все сто процентов. Настоящий профессионал.

Как ни странно, но первый тур я выиграл очень легко. Назвал самые распространённые буквы, и они оказались на табло, раскрыв мне основу слова. Осталось только его назвать. Что я и сделал.

В финал из других троек со мной вышли два певца, Михаил Гулько и Анатолий Могилевский.

В этом туре победа далась мне непросто. Никто из нас троих никак не мог «попасть» в букву, мы раз за разом называли не то.

А на табло продолжали светиться чёрные таблички со всего одной сиротливо угаданной на самом первом ходу буквой «А». Когда этих самых неиспользованных букв в алфавите осталось совсем мало, Миша Гулько наконец попал в цель. Он наверняка и выиграл бы следующим ходом, но как назло попал на сектор перехода. Следующим по очереди стоял я. Взялся за барабан и тронул его, тихонько, на удачу. Ход оказался результативным. Я мог выиграть 100 очков, если бы угадал букву.

— «Р», — сказал я, и Якубович сделал бровями восхищённое движение.

— Есть такая буква!!! — восторженно воскликнул он, и публика разразилась аплодисментами. Миловидная девушка перевернула чёрную табличку, и я понял, что знаю всё слово, которое тут же произнёс вслух.

— И мы приветствуем победителя капитал-шоу «Поле Чудес»! — провозгласил Лёня, сияя как медный самовар. — Не могу не спросить, Сергей! А пойдёте ли вы на суперигру, чтобы выиграть суперприз?!

Что мне было терять? Я, конечно же, согласился.

Некоторые призы и вправду были шикарные. Двухкомнатная квартира в Москве, например. Кто мог об этом тогда мечтать?! Но самым замечательным было даже не это. А «Запорожец»! Да-да, тот самый, «ушастый».

— Такого антиквариата, — сказал Якубович, когда по залу пронёсся ропот после объявления этого экстравагантного приза, — нет ни у кого во всей Америке! Представляете, как вы будете великолепно выглядеть, если станете его обладателем. А если автомобиль вам не пригодится, то всегда сможете его продать. У вас тут какие деньги?

— Доллары, — засмеялся зал.

— Вот! — воскликнул Лёня. — Представляете, сколько этих самых долларов вы сможете выручить у какого-нибудь коллекционера?!

Не знаю, сильно бы я расстроился, если бы в итоге на барабане выпал бы этот сектор и я бы мог получить антикварный автомобиль, но случай распорядился иначе. Нет, квартира мне тоже не попалась. Суперпризом должен был стать компьютер. Тоже неплохо!

Но к этому моменту моё везение закончилось. На табло закрыли слово, содержащее по меньшей мере букв пятнадцать. Якубович любезно разрешил назвать мне пять, если бы я угадал, то они открылись бы на табло. Я, а терять было уже совсем нечего, назвал самые редкие буквы: твёрдый знак, Э, Д, Ж и распространённую А.

На табло открылись три клетки — одна Д и две А на разных концах слова.

— Вам дать минуту на размышление, или назовёте слово сразу? — с почти неуловимой иронией поинтересовался ведущий.

— Минуту, — сказал я, надеясь на какое-то сверхозарение. Но его предсказуемо не случилось. — Не знаю, — я развёл руки в стороны, когда таймер отсчитал секунды.

— Минута прошла! Слово!.. Подумайте, Сергей! — не сдавался Якубович. — Может, есть какие-то варианты?

— Не знаю! — сказал я и печально пошёл прочь с площадки.

По правилам, мне не должно было достаться вообще никаких призов, потому что я пошёл на суперигру и рискнул всеми набранными за первые туры очками. Но Якубович сжалился и разрешил мне забрать честно заработанное: расписанную под старину платок-косынку, набор деревянных ложек и хрустального гуся.

Несмотря на проигрыш в суперигре, я остался в скрижалях «Поля Чудес» одним из победителей.

— Не расстраивайся, — сказал мне после игры Миша Гулько; он был в подаренной ему на шоу шинели до пят и в казацкой папахе. — У них наверняка барабан с магнитиками, всё равно квартиру бы не выиграл.

А Кашпировский, уже удаляясь от меня в выходящей из ресторана толпе, делал руками знаки, означающие набор телефонного номера, и слабо выкрикивал, уносимый людской толпой:

— В любое время, Сергей, в любое время!

Поэтическая

Мы познакомились с ним на одном из моих юбилеев. Там же, где проходило когда-то описанное мной выше капитал-шоу «Поле чудес», в ресторане «Арбат». Это был вечер, посвящённый мне. Он был одним из тех, кто заглянул на огонёк, — прекрасно известный в Америке поэт-песенник Илья Резник. Из разговора с мэтром я с некоторым удивлением узнал, что он хорошо осведомлён о моих спортивных достижениях. Мы тепло пообщались, но, самое главное, Илья в качестве поздравления с праздником написал в мою честь очень милый стих.

Отдавая должное таланту Ильи Рахмиэлевича, привожу это посвящение полностью:

Легендарному боксёру

Сегодня, в летний день погожий,
В благословенный «Paradise»
Пришёл к Артемьеву Серёже
Весь высший свет, весь «Very Nice».

Друзья по совести и чести,
Все те, кто рядом столько лет.
И в том числе Илюша Резник,
Российский песенный поэт.

Серёжа! Ты вошёл в когорту
Тех, кто жизнь спорту отдаёт.

Ты сердце жёг во славу спорта,
И был тобою горд народ!

Европы ринги и России
Ты украшал, мой друг-боксёр!
Играл легко ты и красиво,
Как выдающийся актёр!

Боёв утихла канонада,
Но мы не стонем от тоски,
Ведь мы с тобой из Ленинграда!
Ведь мы с тобою земляки!

Пусть наши дни не изумрудны,
Пусть этот путь тяжёл и крут,
Друзья тебя не позабудут!
Друзья тебя не подведут!

Живи, могучий и красивый,
В душевном мире и любви,
И будет помнить вся Россия
Твои, Артемьева, бои!

И я твоим костром согреюсь,
И выпью доброго винца
За то, чтоб сын, Пётр Сергеевич,
Похожим вырос на отца!

Пусть все невзгоды и напасти
От сердца будут далеки.
Тебе желаю только счастья!
Ведь мы с тобою земляки.

Я очень люблю поэзию. Это совершенно отдельный жанр. «Вкусно» рифмованные строки по-особенному задевают потаённые струны души. Строфы звенят, как колокольчики на тройке, создавая возвышенное, лирическое настроение. Мне посчастливилось. Мне посвятили ещё несколько стихотворений. Я привожу строчки из них не для того, чтобы похвастаться, а чтобы приобщить вас к тому самому поэтическому настроению.

Вот прекрасная поэтесса Таня Лебединская:

Из поздравления на юбилее

Цепочка жизни связана из звеньев,
Причудливы они или просты.
Пятнадцать лет, Серёженька Артемьев,
Ты складывал звено своей мечты.

Наверное, до Господа молитвы
Дошли от всех родных и всех друзей.
Пятнадцать лет с той страшной битвы —
И ты справляешь этот юбилей!

И пожеланий мне не перечислить,
И поздравлений мне не перечесть.
Перед тобою вся бескрайность жизни,
Пьём за тебя, что рядом с нами здесь!

А вот отрывок из произведения Сергея Моложавого:

Среди друзей моих есть личность —
Сергей Артемьев — в боксе гранд.
Все поединки на отлично
Он побеждал и был богат.

Богат не деньгами, а славой,
Богат друзьями и страной,
Которая за бой державный
Болела за него душой…

И снова Таня Лебединская, ещё один юбилей:

Второй День рождения

Российский петербуржский парень,
Как жизнь казалась хороша!
Он точен, профессионален:
Контракт, работа в США.
Нет, не распишешь жизнь по схеме,
Где каждый бой — последний бой,
Где получил Сергей Артемьев
Удар на ринге роковой.
И лучшие хирурги бились,
Чтобы тебя, мой друг, поднять.
Ты просто заново родился,
Тебе сегодня двадцать пять!
Ты младше сына — это странно,
Ты в марте, Пётр — в декабре.
С тобою дорогая Анна —
Жена, что предана тебе.
Мы вспоминать о многом можем,
Мгновеньем надо дорожить,
Жизнь продолжается, Серёжа,
Ты доказал нам всем, что можешь
И будешь, не сдаваясь, жить!

И в финале главы посвящение ещё от одного творческого человека, писателя Антона Алеева:

Сергею Артемьеву

Когда на небо поднимаем взор мы,
То видим там, в ночи, мерцанье звёзд.
И этот свет летит до нас поныне,
Хотя уж многих звёзд и нет в том мире грёз.

Звезда ушла, сгорела, растворилась,
Но через черноту пустой пыли
Несётся свет, и он даёт нам милость,
Надежду и тепло своей души.

Спортсмены часто вспыхивают ярко,
Купая всех в лучах своей звезды
И публика ревёт: на ринге жарко!
Удар, ещё удар! Давай, давай, дожми!
Победа — бис и браво! Супер! Бинго!
Ничто не вечно, жёсток приговор:
Ещё один боксёр сгорел на ринге.
Но как же был горяч его костёр!

Как были бесподобны его схватки
И каждый бой, что шаг наверх, в Олимп.
Не вышло, не срослось, и как же жалко,
Что на излёте свет звезды поник.
Но не поникли воля и стремленье.
Бороться, выжить, научить других!
И если были в жизни сожаленья,
То в звёздном свете обошлось без них!

Есть звёздочки, которые мерцают,
Есть звёзды — как в тумане маяки.
Сергей Артемьев, все боксёры знают,
Что это имя им всегда горит!
И пусть пройдёт немало долгих сроков,
Мы будем наслаждаться, как тогда,
Когда на ринге, созданная Богом,
Горела та Серёжина звезда!

Спасибо всем талантливым людям, что вспомнили о моей скромной персоне. И храни вас Господь!

Только ради тебя

Это история случилась в Лос-Анджелесе в 2007 году. Я тогда помогал готовиться к бою Ване Кирпе, отличному бойцу, ещё одному воспитаннику Игоря Михайловича Лебедева. Иван приехал в Америку прямо из Санкт-Петербурга, с моей Советской родины. Мне сделали предложение тренировать Ивана и купили билет: я полетел через всю страну.

Ваня Кирпа, быстрый, энергичный, подвижный, заслуживший в профессиональной карьере прозвище Иван Грозный, отрабатывал сейчас запланированные упражнения. Я показал ему пять своих фирменных комбинаций, из которых мы выбрали две. Чтобы ему их применить в предстоящей схватке, следовало отработать их до автоматизма.

В самый разгар нашего занятия в тренировочный зал вошёл неприметный на первый взгляд невысокий парень. И сразу обстановка вокруг изменилась. По помещению пронёсся удивлённый ропот, многие прервали тренировку и застыли в неподвижности, проводя взглядом неожиданного визитёра. Я, честно говоря, не придал этому эпизоду какого-то особенного значения. Мало ли. Может, какая-то местная знаменитость. Я стоял перед Иваном и помогал ему отрабатывать атаку. Но когда Кирпа увидел этого тёмного парня, его выражение лица тоже изменилось, и он машинально опустил руки.

Мысленно сетуя на то, что кто-то опять отвлекает и прерывает процесс, я тоже обернулся. Парень, как ни странно, направлялся прямо к нам, и было заметно, какими почтительными взглядами провожают его находившиеся рядом боксёры.

Я глянул на его лицо, уловил что-то знакомое, но не смог вспомнить, где и когда его видел.

Меж тем паренёк подошёл к нам вплотную, улыбнулся и похлопал меня по плечу.

— Ты — Артемьев? — сказал он. — Только забыл, как зовут…

— Сергей, — подсказал я.

— Да, точно!

Когда он отошёл, я увидел округлившиеся от удивления глаза Вани.

— Ничего себе, — прошептал тот одними губами. — Вот это да…

— А что случилось-то? — я никак не мог взять в толк.

— Ты что, не знаешь, кто это? — возмущённо воскликнул Кирпа.

— Лицо знакомое, — признался я. — Наверняка где-то пересекались…

— Пересекались?! — засмеялся Ваня, хлопая себя перчатками по коленям. — Ты шутишь что ли?! Это же сам Шейн Мосли!!!

Ну конечно, как я мог забыть!

Тем, кто так или иначе связан с боксом, не нужно объяснять, кто такой Шейн Мосли. Величайший мастер, боксёр-профессионал, чемпион мира в трёх весовых категориях (по версиям IBF, WBC, WBA), трижды победивший в титульных боях Оскара де Ла Хойю, в 2002 году первый номер Pound four Pound (лучший боец года, вне зависимости от категории).

А пересекались мы с ним действительно много раньше.

Это случилось на матчевой встрече США — СССР 10 июня 1989 года в гостинице «Харакс», Атлантик-Сити.

Мне было 20 лет, и я не особенно присматривался к соперникам. Побеждать надо было любого. Я безгранично верил в себя и стремился только вперёд.

Конечно, потом я узнал, кто такой Шейн Мосли.

Но факт оставался фактом. В том матчевом бою я победил этого величайшего боксёра со счётом 2:1. То есть двое судей из трёх отдали свой голос мне.

Когда рефери в ринге поднял мне руку вверх, окончательно закрепляя в истории имя победителя, я тогда не мог даже представить, насколько запоминающимся окажется этот факт для спортивной общественности. Но, видимо, та победа была отнюдь не случайной, раз уж великий, недостижимый, знаменитый Шейн Мосли спустя 18 лет в тренировочном зале Лос-Анджелеса, Калифорния, подошёл ко мне — и только ко мне — и доброжелательно потрепал меня по плечу.

Я посмотрел на Ваню, и у меня в голове созрел дерзкий план. У парня на днях очень важные бои, и мастер-класс от величайшего боксёра современности мог бы очень сильно ему помочь в подготовке.

Я набрался смелости и, стараясь придать своему выражению лица максимум деликатности, подошёл к Шейну.

— Послушай, — сказал я ему. — Я понимаю, что моя просьба достаточно бесцеремонная и у тебя наверняка свои планы на тренировку. Но не мог бы ты уделить несколько минут вон этому парню? — я показал на Кирпу. — Я помогаю ему подготовиться к предстоящему бою, а спарринг с таким его кумиром, как ты, Шейн, очень пошёл бы ему на пользу.

Уже потом я узнал, что раунд занятий с чемпионом мира стоит от 500 до 1000 долларов. Три минуты спарринга! Я же предлагал ему сейчас сделать это за бесплатно.

Мосли глянул на меня внимательно, помолчал, словно раздумывая, и потом дружелюбно улыбнулся и кивнул.

— Но знай, — предупредил он. — Это исключительно ради тебя. Если бы ты меня тогда не победил, то…

И была настоящая боксёрская феерия. Этот спарринг я не забуду никогда. Как какой-нибудь искусствовед, затаив дыхание, может часами рассматривать великое произведение, так и я, пребывая в состоянии профессионального катарсиса, наблюдал тогда за работой Шейна Мосли. Каждое его движение, каждый блок, каждый удар был идеальным воплощением боксёрской техники. Такого высочайшего профессионализма я не видел никогда.

Иван очень старался. Нет, у него не тряслись коленки от присутствия рядом такой знаменитости, и он отрабатывал по полной, из всех своих сил. Это были четыре раунда высшего наслаждения боксёрской техникой. И каждый раунд был не похож на предыдущий.

Когда соперники спустились с ринга, я был настолько очарован увиденным, будто сам отработал эти четыре раунда внутри канатов.

— Чем займёмся дальше? — воодушевлённо поинтересовался Ваня, от полноты таких ярчайших впечатлений ему требовалось немедленное продолжение, чтобы выплеснуть накопившуюся энергию.

— Ничего не будем делать, — сказал я. — И ты ничего больше не делай.

— Почему? — опешил Кирпа.

— Да потому что ты только что спаррринговал с одним из лучших боксёров современности. И то, что у тебя сейчас на подсознательном уровне закрепилось, не должно пропасть. Твои мышцы сейчас запомнили идеальный алгоритм, и пусть это останется в твоей памяти на уровне рефлексов. Поэтому давай определимся с основной тактикой на предстоящий бой и закончим тренировку.

И знаете что? Это сработало.

В следующем же своём бою на профессиональном ринге, который состоялся в Чехии, Ваня нокаутировал мексиканца Хосе Леонардо Корону уже во втором раунде. Благодаря двум моим комбинациям, что он взял на вооружение, и благодаря тому, что один паренёк, являвшийся по совместительству чемпионом мира, ответил на мою просьбу в том тренировочном зале: «only for you» — «только для тебя». Через 18 лет после нашей встречи на ринге.

Позже Кирпа признается, что за все 22 года своей спортивной практики ничего подобного и более запоминающегося, чем тот четырёхраундовый спарринг с Шейном Мосли, с ним никогда не случалось.

Моя Анна

Иногда задумываюсь — как люди находят друг друга? И чем больше об этом думаю, тем сильнее во мне крепнет уверенность, что родственные души притягиваются одна к другой вопреки всем обстоятельствам. Быть может, это предопределено свыше, а может, так хитро выстраивается череда случайностей в судьбе.

И не столь важно, где ты почувствовал, что этот человек близок тебе. На улице, в толпе; в соседнем кресле в самолёте; на виртуальной странице в Сети. Главное, что ёкнуло сердце и на душе стало легче.

Мы познакомились с Анной по переписке. Заметили друг друга на одном из сайтов и решили пообщаться. Это общение привело к тому, что мы не расстаёмся уже более пяти лет. И, надеюсь, не расстанемся никогда.

Анна рискнула перебраться из России за океан после того, как в Москве женился её взрослый сын Роман. Логично рассудив, что сыну предстоит заниматься теперь собственной семьёй, Аня решила попытать личного счастья в Америке. Насколько её ожидания оправдались после нашей встречи, наверняка не знаю, но мы, кроме прочего, уже примериваем на себя роли бабушки и дедушки для Аниной внучки, дочки Романа.

Да, у нас обоих были непростые судьбы, бывшие браки, романы. Но всё это оказалось неважным, после того как мы первый раз встретились на свидании в хорошем уютном ресторане «Гамбринус».

Я был совершенно очарован. Аня, такая статная, высокая, красивая. Блондинка с зелёными глазами. Стыдно признаться, но я на какое-то время даже немного оробел от её внешности. Тот самый я, который никогда ничего не боялся, выходя на ринг. Тот самый я, который с детства бесстрашно ввязывался в любые опасные авантюры. А тут оказался сражён прекрасной тогда ещё незнакомкой. Но этот пробел мы очень быстро ликвидировали, проговорив до позднего вечера, и нам очень быстро стало казаться, что мы знаем друг друга целую вечность.

Я могу рассказывать о моей Ане очень долго. Потому что мне приятно это делать. После тяжёлого периода в моей жизни она явилась ко мне яркой птицей и, помахав крылом, увлекла меня за собой в другие миры, туда, где нам стало интересно жить.

Удивительно, но Анна — учитель музыки. Сейчас мы купили электронный рояль, и моя жена иногда музицирует, приобщая меня к прекрасному.

— А ты знаешь, — говорит она, внимательно вглядываясь в меня своими зелёными кошачьими глазами, — что знаменитая «К Элизе» Бетховена был посвящена некой реально существующей Элизабет Рёккель? Но самое занимательное не в этом. А в том, что Бетховен к ней сватался, но был отвергнут. Представляешь?

Я ничего не отвечаю, только удивлённо покачиваю головой.

Тогда Аня берётся за крышку, прикрывающую клавиши рояля.

Я с нетерпением жду таких вечеров. Потому что через эти звуки, через Анино исполнение меня охватывает совершенно необычное ощущение удивительного космоса — простоты и в то же время сложности. И мне на секунду кажется, что я начинаю хоть немного разбираться в музыке и понимать это очарование.

Родом Аня из России. Родилась в сибирском городе Омске, потом переехала в Москву. А побывав в несколько раз в Америке туристкой, поняла, что ей тут намного комфортней. В России в те годы были не самые хорошие времена, поэтому, в очередной раз оказавшись в США, Аня приняла непростое решение остаться. Без знакомых, без связей, без серьёзной поддержки. Что ж, она всегда была такой. И о её жизни, безусловно, тоже можно написать целую книгу. Вначале Анна обосновалась в Бостоне, потом переехала в Нью-Джерси. Как раз тогда мы и познакомились. Она училась и ездила через Гудзон ко мне на выходные. Мы прекрасно проводили время. Примерно через полгода она окончательно переехала ко мне, а ещё через год я сделал ей предложение. Мы поженились, расписались в Сити-Холле и через неделю сыграли прекрасную свадьбу в ресторане «Националь». С тех пор живём вместе.

Мне нравится спрашивать её, почему я? Чем я мог привлечь такую решительную, неординарную женщину? Я снова и снова перематываю в памяти, словно на кассетном магнитофоне, эпизоды наших ранних встреч. И вижу как сейчас её глаза, горящие необыкновенным блеском, её плавные грациозные движения, её искренность в сказанных словах и фразах. Как же прекрасно, что это не отдельное воспоминание, что я могу сейчас обернуться и видеть мою Аню. Замечая в её взгляде ещё что-то новое, что до сих пор будоражит меня и не даёт скатиться в уныние.

Так почему я?

Знает ли она сама ответ на этот вопрос?

«Ты добрый», — говорит Анна, поглаживая меня по руке. «Добрый боксёр», — про себя усмехаюсь я, но всё равно задумываюсь. Всё же бокс, агрессия, жестокое соперничество — это внешняя сторона профессии спортсмена.

— Ты так трогательно ухаживал, дарил цветы, подавал руку, — говорит Анна. — Как можно было устоять перед таким? — улыбается она. — Второго такого мужчины нет во всём Нью-Йорке. Да что там в Нью-Йорке, такого нет на всей Земле!

Любому приятно слышать хорошие слова в свой адрес. И я не исключение. Но кроме всего прочего, меня подкупает в Ане искренность и честность. Если уж что-то случается, мы всегда можем это откровенно обсудить.

После нашего знакомства Анна очень крепко взялась за моё здоровье. Я в то время уже относился к нему спустя рукава. Я даже не мог пользоваться метро. У меня начинались панические атаки при ощущении закрытого пространства. А в 2016 году у меня случился микроинфаркт. Мне внезапно стало плохо в магазине, откуда меня увезли на скорой. К этому времени мы уже около года встречались с Анной, она успела привести меня в божеский вид после долгих лет моего одиночества. Она примчалась в больницу следом и уже не отходила от меня, пока я восстанавливался после нового недуга. Быть рядом, когда это нужно, — это не так просто, но так важно! Анна смогла. Она водила меня по лучшим докторам, помогала соблюдать режим, следила за диетой. Да что говорить — спускалась со мной за руку в метро, пока я не пересилил себя, чтобы пользоваться подземкой самостоятельно. И после того, как мы сыграли свадьбу, продолжала свою опеку, даже устроила на курс лечения к очень хорошему физиотерапевту. Были и массажи, и лечение медицинской пиявкой для кровопускания (мне требовалось обновлять кровь). Такие сеансы Анна делала мне позже самостоятельно, по ночам, жертвуя своим отдыхом.

Видя положительные результаты, я тоже изменил свою философию, я понял, что не всё ещё потеряно. И что я теперь словно снова выхожу на ринг, только теперь мои соперники — хворь и недуги. Но и с ними можно бороться. И даже побеждать, когда за твоей спиной такой «тренер». Аня вдохнула в меня самое главное — уверенность в будущем. Да и её заслуги в помощи написания этой книги тоже трудно переоценить. Она — мой абсолютно заслуженный соавтор.

Как же люди находят друг друга? Я спрашиваю себя снова и в этот раз привожу новую версию: у каждого в жизни, скорее всего, бывает момент, когда рядом с тобой оказывается тот самый человек, который тебе предназначен и с которым ты можешь комфортно идти по жизни «рука об руку» и в «радости и печали». Да только вот не всегда ты можешь этого человека рассмотреть сразу, чаще всего просто проходишь мимо. Но мне повезло. Я остановился на бегу. И рассмотрел.

Человеческий фактор

Никогда не бывает так, чтобы всё как по маслу. Все мы живые люди. Вот, казалось бы, чего ещё не хватает, что не устраивает?

И чувствуешь себя относительно неплохо, и красивая женщина рядом. Но бывает, словно кто-то дёргает тебя за ниточку. И вот уже ссора из-за пустяка. А потом — принцип. Я ведь взрослый, самодостаточный человек. У меня есть гордость. Да что она себе позволяет?

В такие моменты ты ослеплён возмущением. Ты не допускаешь и мысли о своей неправоте. И похож со стороны на обиженного школьника.

Но от таких ситуаций не застрахован никто.

Ещё вчера ты был счастлив и полон предпраздничного оптимизма, а сегодня уже одинок и грустно смотришь в окно, прислушиваясь к звуку барабанящего по стеклу дождя.

Так происходит. Неважно, двадцать тебе, сорок или шестьдесят. Это не возраст, это «человеческий фактор».

Мы с Аней поссорились. К этому времени мы прожили вместе почти год. За это время бывало всякое, но в этот раз сгладить углы не удалось. И дальше всё по сценарию. Никто не хотел уступать. Недопонимание превратилось в разногласия. И: «Я ведь взрослый, самодостаточный человек!», «У меня есть своя гордость!», «Да что она себе позволяет?!», «Да что он себе позволяет?!», «Раз так, я ухожу!». «Уходишь — прекрасно! Иди!», «И всё?», «И всё…».

Полагаю, многим знакомая ситуация.

Аня действительно ушла. Я не смог переступить через свои дурацкие принципы, а она — через свой характер.

Сколько раз я порывался набрать номер её телефона. Но! Это означало расписаться в своей неправоте. Сколько раз она хотела услышать мой голос снова. Но! Это означало предать свою женскую гордость.

Так, в хмуром одиночестве, прошло четыре месяца.

В эти дни улицы Нью-Йорка одеваются в изумительный предновогодний наряд. Началась праздничная неделя, вчера было католическое Рождество, и люди на улицах улыбались друг другу, предвкушая великий праздник.

Нельзя сказать, что я разделял всеобщую радость. П-очему-то вспоминался Ленинград и огромная ёлка на площади, опоясанная лампочными гирляндами.

Телефонный звонок прозвучал неожиданно. Недоумевая, я снял трубку. И даже не сразу понял, кто на том конце провода. Оказалось, это Марина, хорошая подруга Ани. Они с бойфрендом приехали из Бостона на несколько дней, чтобы отметить Рождество в Нью-Йорке. Но вот загвоздка: на следующий день после Рождества улицы Нью-Йорка вымирают, всё закрыто. А чтобы отметить праздник как положено, хочется куда-то сходить. Так как я обитаю на Брайтон-Бич, а это город в городе, живущий по своим законам, они хотели у меня уточнить, работает ли сегодня тот самый грузинский ресторан, что они посещали в прошлый раз.

— Твой номер нам Аня дала, — призналась Марина. — Она с нами, кстати…

Не мог же я отказать в просьбе девушке.

Да, ресторан работал.

Уже потом Аня рассказала мне, как не хотела ехать на другой конец города. Ей приходилось проделывать этот долгий путь постоянно, она тут училась и в выходные дни хотела отдохнуть спокойно. Но её друзья уговаривали так настойчиво, что, в конце концов, скрепя сердце она сдалась. Уставшая, невыспавшаяся, привела себя в порядок и…

Если в прошлый раз, втягивая меня в ту самую непреодолимую ссору, некто дёрнул меня за верёвочку с плохим умыслом, то в этот раз эффект оказался противоположным.

«Ты что тут сидишь до сих пор?!» — словно бы крикнул он мне прямо в ухо. Я вздрогнул и вдруг осознал, что этот некто во мне прав. Что больше нельзя допускать непоправимого.

Я порывисто вскочил и стал примерять выходную рубашку.

Аня сидела за столиком с друзьями прекрасная как никогда. От неё реально исходило призрачное свечение. У меня так и запечатлелся в памяти её образ. Лёгкий, почти воздушный и при этом неимоверно притягательный. Как она поворачивает голову и видит меня.

И тогда я понял, что все наши разногласия не стоят и выеденного яйца. Что это такие мелочи по сравнению с главным — с нашими чувствами друг к другу. В тот момент, когда она увидела меня, я заметил это маленькое движение навстречу, будто судьба снова подталкивала её ко мне. Несмотря ни на что.

Она признавалась мне в этом — именно в этот момент она поняла, что мы будем вместе.

И бывает же так.

Именно в тот день в программе ресторана был организован вечер знакомств. Мероприятие, на которое приходит большое количество людей, одиноких и в парах. Кто-то ищет половинку, кто-то друзей, кто-то просто стремится весело провести время. Учитывая, что был праздник, народу в этот раз набилось битком. Мы с Аней переглянулись — можно было сказать, что мы сегодня познакомились снова, а значит… почему бы уже не оторваться по полной? Тем более, когда вокруг такое всеобщее веселье? Мало того, мы заявились на конкурсную программу. Я уже отвык от соревнований и тут снова почувствовал спортивный азарт. Благодаря Ане мы были одной из самых красивых пар и то и дело срывали восторженные овации болельщиков. Как же приятно было окунуться снова в эту атмосферу! По итогам всех конкурсных заданий, мы заняли первое место и стали лучшей парой всего вечера. У Ани, давно забывшей про усталость, азартно блестели глаза, и по всему её виду было понятно, что сейчас она абсолютно счастлива. И тому, что мы победили, и тому, что снова встретились. Потому что победили мы не только в конкурсе, мы победили сами себя, окончательно поняв и приняв друг друга.

В качестве приза от ресторана нам подарили огромные настенные часы, которые мы повесили в гостиной.

Они до сих пор там висят, щедро отсчитывая нам с Аней время.

И мы надеемся, что будем слышать их деликатное «тик-так» ещё очень-очень долго.

Шарик

Кто-то может сказать: ну что — кот, подумаешь!

Порой мы привязываемся к людям не потому, что видим в человеке какие-то исключительные черты. А просто… потому что так случается.

То же в равной степени относится и к нашим питомцам.

Быть может, из-за того, что их проявления искренни, они не умеют притворяться. И не умеют предавать.

Это было не самое простое время для меня.

Наверное, у каждого человека бывает такой период в жизни. Период душевного кризиса, физической слабости, нервной опустошённости.

Никчёмным кажется дождь за окном, визиты в ближайший супермаркет раздражают, передачи по ТВ представляются ужасно глупыми. Ты ищешь выход из затягивающей тебя воронки. И чаще всего находишь его на донышке бутылки с алкоголем. Не минула чаша сия и меня. Слава Господу, что она, эта чаша, была неглубокой.

Как сильна иллюзия лёгкого забытья, что даёт выпивка. Как расцветают в начале такого времяпрепровождения эмоции, как возрождается вера в будущее. Но… На очень, очень-очень короткий срок. Который несопоставим с долгим эмоциональным и бесконечным физическим похмельем. Не зря говорят, что алкоголь не решает ни одной проблемы. Но многие стремятся убедиться в этом сами. И я — не исключение.

Когда я впервые увидел этого хулигана со смешно торчащими ушками, я сразу же почувствовал внутреннюю радость.

Такую, что испытывает ребёнок, впервые увидевший что-то необычное. Я всю свою предыдущую жизнь довольно спокойно относился к животным. А к кошкам тем более.

У меня не было проблемы выбора — как же назвать моего кота породы русская голубая. Как и многое в нашей жизни, тут всё решил случай. Как раз перед его появлением я пересматривал «Собачье сердце», гениальный телефильм по повести Михаила Булгакова. И неожиданно понял, на кого поразительно похож мой новый друг. Нет, не на Шарикова, который, конечно же, малосимпатичен, а на того самого дворового пса, из которого «сделали» этого невежественного человека. Эта собака имела с моим котом удивительное сходство. Своей животной наивностью, нелепым, но трогательным видом, покладистым характером и преданностью. Поэтому я не видел другого выхода, как назвать моего питомца именно так. Меня не смущало, что Шарик — собачья кличка. Была собачья, а стала кошачья!

Так в мою жизнь вошёл новый член семьи — кот Шарик.

Не знаю почему, но мы очень сильно привязались друг к другу. У Шарика и впрямь проявлялись собачьи повадки. Он всегда ждал меня у порога, бурно радовался приходу, только что хвостом не вилял. Он был исключительно мне верен, пытался меня лечить, прикладываясь на ноющие места. Мы разговаривали с ним. Я рассказывал ему про свою жизнь, а он внимательно слушал, иногда в самые ответственные моменты тихо урча, словно выражая этим своё отношение к случившемуся.

Да, как все коты, он иногда хулиганил и орал.

Можно было сказать, что мы ухаживали друг за другом. И, как ни странно, во многом именно благодаря Шарику я преодолел тот глубокий кризис, в который попал в определённый период своей жизни. Кто бы мог подумать, что судьба даст мне ещё один шанс, подарив мне разумного кота? Разумеется, я выкарабкался не только, и даже не столько благодаря ему. Я бы не смог остановиться, если бы не было той незабываемой поддержки родных и близких. Но… Шарик тоже внёс свою лепту. Он стал символом нормальной, полноценной жизни. Бессловесно подталкивая меня на правильные рельсы.

«Мы в ответе за тех, кого приручили» — известная цитата из ещё одной замечательной детской книжки. Но я не был хозяином Шарика. Я был его другом.

Но неловко мне было не только перед котом. У меня подрастал сын Пётр. И я вдруг посмотрел на себя глазами этого маленького человечка, продолжателя рода. И что я увидел? Слабака, пытающегося найти истину на дне бутылки. Человека, который не в состоянии ничего дать своему родному ребёнку, кроме как привнести в его жизнь новые проблемы. И я представил, как ему будет стыдно за меня, когда он это поймёт. Разве он сможет гордиться своим отцом? И тогда я ужаснулся. Так и сложилось моё новое понимание жизни, перелом в сознании, когда я окончательно пришёл к Богу. Кто, если не Господь, хранил меня все эти годы? Каждый раз, приходя из церкви, я убеждался в этом всё сильнее. Бог подарил мне сына, преданного бессловесного друга, и вместе с ними уберёг от необратимого шага. Кому же, как не им, и кому же, как не Ему, я должен быть за это благодарен?

Никогда не знаешь, что скрывается за новым поворотом. Куда приведут тебя линии судьбы?

Каждый раз, выходя на ринг, я не знал исхода боя. Каждый раз, принимая то или иное решение, я не знал, куда выведет меня эта дорога. Мы не можем увидеть будущего. Но мы всегда можем обратиться к своей памяти. Чтобы найти там самые хорошие воспоминания и попытаться, хотя бы мысленно, снова пережить их.

И одним из таких хороших воспоминаний для меня всегда будет добрый дымчатый кот с простой и наивной кличкой Шарик.

Жизнь продолжается

Так уж получилось, что мне удалось написать эту книжку. Я много раз брался за перо и, поразмыслив, снова откладывал эту затею в сторону. Почему? Потому что сомневался, будет ли интересным моему читателю всё то, о чём я здесь напишу. По большому счёту, жизнь любого человека не похожа на кинематографический роман. Даже жизнь самой крутой знаменитости. Весь этот напускной туман, весь гламурный блеск — лишь обёртка, фасад и занавес обычной повседневной жизни, которая случается у каждого.

Может, и бывают исключения: случаются такие судьбы, каждый день в которых — тема отдельного занимательного рассказа. Но это, к счастью, не про нас, и пишу я в своей книге совсем не об этом.

Почему же я всё-таки написал автобиографию? Почему посчитал нужным поделиться своими мыслями на примере одной отдельно взятой судьбы?

Возможно, мой ответ покажется вам парадоксальным, но я написал эту книгу, потому что верю: жизнь продолжается.

Мы все с удовольствием окунаемся в хорошие воспоминания. С нотками ностальгии воскрешаем в памяти ушедшие времена. Гоним от себя упоминания о драматических событиях, болезнях, недугах, несчастьях с родными и близкими. Но ведь всё это было когда-то. И с этим невозможно ничего сделать. Это навсегда запечатлела наша память — чёрное и белое. И вот теперь события тех лет зафиксированы ещё и на бумаге. Любой может открыть первую страницу и прочитать обо всём, что со мной случилось когда-то. Нет, не так. Что со мной случается до сих пор. Потому что… Да, правильно: жизнь продолжается.

В самые сложные моменты у меня всегда находился повод, чтобы преодолеть чёрные дни, встающие передо мной, как бездонная пропасть. Всегда находились те, кто подставлял плечо или протягивал руку — и об этом я подробно рассказал в книге. Всегда в моём сердце был Бог. Господь, который знает всё.

Благодаря моему сыну Петру я выкарабкался из беспросветной бездны.

Он продлил мою жизнь своим рождением.

Я помню, как он приходил ко мне в больницу. Как гладил по руке и целовал в щёку. Он знал, что я его люблю, и делился со мной своей любовью в ответ.

Недавно у меня родился внук (17 января 2021 года)! Представляете?! Петя сам стал отцом, его Джулия подарила нашей семье маленького карапуза. Теперь у нас есть тот, о ком надо заботиться. Как думаете, мне будет что рассказать моему внуку Валентино, когда он подрастёт? Конечно будет!

Потому что такая суть заложена в нас природой. А значит, заложена Богом.

Мы продолжаем жить в своих детях, а потом и во внуках.

Я с нетерпением ждал этого пополнения в нашей семье, потому что такой поворот судьбы придаст мне — я знаю — новых сил. Как по-другому?! Ведь внука надо поднимать, а разве молодые родители справятся без моей помощи?! Ответ для каждого потенциального деда очевиден. У меня, теперь я уверен, будет очень интересная и насыщенная старость! Когда-то мы сами были непоседливыми пацанами, набивали первые шишки и не задумывались о вечном. Настала пора дать побыть беззаботными другим. Вначале нашим детям, а потом и внукам, правнукам. Каждое новое поколение даёт энергию поколениям предыдущим, продолжая гнуть свою, ни на кого не похожую, линию. И это правильно. И это справедливо.

Потому что, чтобы с нами ни случилось, их — а значит и наша — жизнь всегда будет продолжаться.

Мы вспоминать о многом можем,
Мгновеньем надо дорожить,
Жизнь продолжается, Серёжа,
Ты доказал нам всем, что можешь
И будешь, не сдаваясь, жить!

ЕЛЬ 1993 № 7 (27) Первая независимая российско-а

ЕМУ ВРУЧЕН "ОСКАР"

Панорама

"СЧАСТЬЕ – ЭТО ТЕПЛЫЙ ПИСТОЛЕТ"
Так пел Джон Леннон, погибший от выстрелов маньяка. Все больше американцев требует прекратить затянувшийся роман с пистолетом – ограничить гарантированное конституцией право свободно приобретать и носить оружие. Стр. 13

Спорт

СМЕРТЬ РУССКОГО БОКСЕРА
Трагедия Сергея Артемьева, отправившегося в Америку искать спортивное счастье на профессиональном ринге, потрясла всех. Он погиб от травм, полученных во время жестокого поединка. Стр. 15

ВЕЛИКИЕ ГОНКИ НА АЛЯСКЕ
Романтика, изнурительные испытания на выносливость для человека и его четвероногих друзей, споры с защитниками животных – все это привлекает внимание к

Газета с сообщением о моей смерти. Номер от 1 апреля 1993 года

ОН ХОТЕЛ СТАТЬ ЧЕМПИОНОМ...

Роберт Селцер
"Найт-Риддер ньюспейперс"

Три года назад, когда Сергею был 21 год, он приехал в Соединенные Штаты. Улыбка Сергея была столь же обезоруживающей, как и его "хук" левой.

Уроженец Советского Союза, Артемьев воспринял новую культуру, мир, который он знал только по американским видеофильмам, распространяемым в России. Он тренировался в клубе "Йонкерс" в Нью-Йорке, появляясь на тренировках со спортивной сумкой в одной руке и английским словарем в другой.

Настойчивость Сергея полностью окупила себя, когда он стал выигрывать поединки и научился приветствовать своих соперников на английском языке. Он шел к тому, чтобы выступить в финальном матче за звание чемпиона мира в легком весе, но 21 марта в Атлантик Сити, штат Нью-Джерси, во время встречи с Карлом Гриффитом его спортивная карьера оборвалась.

В десятом раунде Гриффит отправил Артемьева в нокдаун боковым ударом левой – это был заключительный удар сокрушительной комбинации, проведенной Гриффитом.

При счете "шесть" Артемьев поднялся. У него был разбит глаз, и судья остановил поединок. Сначала показалось, что с Артемьевым все в порядке, но затем в своем углу ринга он потерял сознание, став жертвой тромба, образовавшегося у него в головном мозге из-за постоянных сотрясений, вызванных ударами по голове.

Артемьев, который из 19 проведенных поединков победил в 18, причем 17 раз отправлял соперника в нокаут, три часа провел на хирургическом столе. Его состояние было критическим. Поначалу, чтобы предотвратить дальнейшее кровоизлияние, его держали в состоянии искусственной комы.

По словам импресарио Артемьева, умерший в возрасте 24 лет Сергей имел две цели, когда приехал в Соединенные Штаты, – стать чемпионом мира и стать американцем.

"Каждый раз, когда он заучивал новое слово, он ставил рядом с ним звездочку в словаре, – сказал Лу Фальсино, его импресарио. – У него и его жены Лены в декабре родился ребенок. Он так гордился маленьким Питером, первым членом семьи, родившимся в Соединенных Штатах".

"Он хотел стать чемпионом ради своей семьи. Каждый боксер говорит о том, что хочет стать чемпионом мира, но Сергей действительно жаждал этого. Мы рассчитывали, что осенью он сразится за звание чемпиона мира", – сказал Фальсино.

Артемьев был одним из семи советских боксеров, которых Фальсино привез в Соединенные Штаты, чтобы сделать из них профессионалов. В этой компании Артемьев был, без сомнения, лучшим.

"Он был единственным, кто дрался, как американец, – сказал импресарио. – Он сражался жестко, агрессивно".

Из тех семи русских, кто приехал в Америку, чтобы осуществить свои мечты, до злополучной воскресной ночи в Атлантик-Сити остались лишь двое – Артемьев и его старший брат Александр, боксер полулегкого веса, который во время встречи с Гриффитом находился на ринге в углу Сергея.

Сергей произвел большое впечатление на боксерский мир своим упорством и обрел много друзей, таких, как Джим Макмахон, боксер второго полусреднего веса, который провел много часов в госпитале, ожидая известий об Артемьеве.

"Я знал Сергея больше года, мы много боксировали в спортивном зале, и я могу сказать вам, что он был одним из лучших бойцов, с которыми мне приходилось работать, – сказал он. – Несомненно, из него мог бы получиться чемпион".

Мама, брат Саша и я

С первой женой Леной, сыном Петром и моей мамой

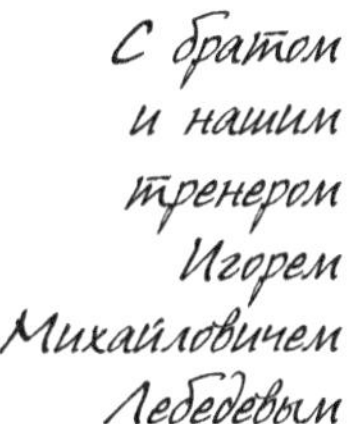

С братом и нашим тренером Игорем Михайловичем Лебедевым

Мы с братом укрощаем питона

Федор Емельяненко, Игорь Зиновьев и я в магазине «Санкт-Петербург» на Брайтоне, Нью-Йорк

С сыном на моем юбилее

С доктором Михаилом Гордеевым

С группой «DDT» в Нью-Йорке

С Robert Mladinich на моем «втором» дне рождения (25 лет), март 2018 года

Со второй женой Анной (Нью-Йорк)

С Анной после регистрации брака

Наша свадьба (ресторан «Националь»)

С Андреем Голотой (боксер-тяжеловес)

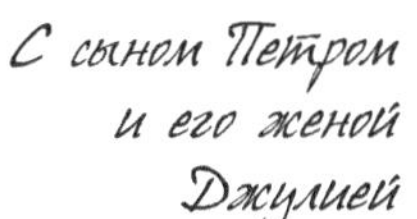

С сыном Петром и его женой Джулией

С Анной и ее сыном Романом

Моя мама с Петром под картиной с моим изображением кисти Pablo Carreno, 1994 год

Смена поколений: теперь уже папа Петр с моим внуком Валентино, 2021 год

Список боёв Сергея Артемьева на профессиональном ринге

1990, 01.06	Александр Бускунов	Moscow	D (ничья)
1990, 03.27	Juan Aldape	Reno	W (победа) UD (единогласное решение судей)
1990, 04.17	Donald Townsend	Stateline	W (победа) KO (нокаут)
1990, 05.15	Robert Olvera	San Diego	W (победа) KO (нокаут)
1990, 05.23	Jerry Massey	Auburn Hills	W (победа) TKO (технический нокаут)
1990, 06.19	Michael McClendon	Miami	W (победа) TKO (технический нокаут)
1990, 07.17	Bobby Brewer	Butte	L (поражение) UD (единогласное решение судей)
1990, 08.07	Tom Cannette	Biloxi	W (победа) TKO (технический нокаут)
1990, 10.02	William Johnson	Philadelphia	W (победа) TKO (технический нокаут)
1990, 11.14	Walter Cowans	Madison	W (победа) TKO (технический нокаут)

1991, 01.28	Rafael Soliman	Philadelphia	W (победа) UD (единогласное решение судей)
1991, 05.02	Roland Commings	Atlantic City	W (победа) UD (единогласное решение судей)
1991, 08.09	Anthony Suggs	Atlantic City	W (победа) TKO (технический нокаут)
1991, 12.14	Luvuyo Kakaza	Cape Town	W (победа) TKO (технический нокаут)
1992, 01.07	Clarence Barnes	Dallas	W (победа) PTS (единогласное решение судей)
1992, 01.30	Simmie Black	Oklahoma City	W (победа) KO (нокаут)
1992, 02.25	Capri Lipkin	Irving	W (победа) TKO (технический нокаут)
1992, 04.16	Bryant Paden	Philadelphia	W (победа) UD (единогласное решение судей)
1992, 07.09	Kenny Baysmore	Atlantic City	W (победа) TKO (технический нокаут)
1992, 11.03	Ray Oliveira	Mashan-tucket	W (победа) SD (раздельное решение судей)
1993, 03.21	Carl Griffith	Atlantic City	L (поражение) TKO (технический нокаут)

Краткий словарь технических терминов и сокращений

IBF — Международная боксёрская федерация. Была образована в 1983 году и объединила боксёров-профессионалов США и других стран, не вошедших в другие боксёрские организации.

WBA — Всемирная боксёрская ассоциация. Старейшая международная ассоциация профессионального бокса. Является одной из четырёх боксёрских организаций (помимо IBF, WBC и WBO), санкционирующих боксёрские поединки мирового уровня.

WBC — Всемирный боксёрский совет. Профессиональная боксёрская организация, основанная в 1963 году одиннадцатью национальными организациями бокса: Аргентины, Бразилии, Великобритании, Венесуэлы, Мексики, Панамы, Перу, США, Филиппин, Чили и Франции.

WBO — Всемирная боксёрская организация, одна из четырёх важнейших организаций.

АППЕРКОТ — удар снизу в ближнем бою. Приобретает силу от резкого выпрямления тела с одновременным поворотом туловища в сторону удара, отчего бьющая рука выдвигается вперёд к цели.

АКЦЕНТИРОВАННЫЙ УДАР — в серии ударов боксёра — удар, отличающийся от других по силе, резкости и точности.

АНАЛИЗ БОЕВОЙ СИТУАЦИИ — процесс мгновенной оценки положения, состояния и намерений соперника, являющийся составной частью принятия решения в ходе противоборства на ринге. Умение анализировать боевую ситуацию характерно для искусных боксёров и позволяет им мгновенно выбрать наиболее рациональные атакующие, защитные и контратакующие действия. Обучение боксёров анализу боевых действий и его совершенствование осуществляются путём специальных заданий по тактике ведения поединка в упражнениях в парах, на лапах, в условном бою, а также путём просмотра и разбора видеозаписи поединков.

БАНДАЖ — часть экипировки боксёра, которая защищает от возможных ударов ниже пояса.

«БОКС» — команда рефери, по которой спортсмены начинают или возобновляют бой.

БОКСЁР «ДВУРУКИЙ» — спортсмен, обладающий сильным ударом с двух рук или одинаково интенсивно ведущий боевые действия как левой, так и правой руками. У квалифицированных боксёров, в сравнении с начинающими, под влиянием целенаправленных разнообразных тренировочных приёмов, как правило, «сглажена» двигательная асимметрия между левой и правой руками.

БРЭК — команда рефери, по которой боксёры должны сделать шаг назад и продолжать бой без других команд.

ДЖЭБ — короткий резкий удар прямой рукой в голову.

КЛИНЧ — взаимный захват боксёров в ходе боя. Запрещённый приём, к которому прибегают для короткой передышки, для сковывания атакующих действий противника.

КРОСС — встречный удар через руку соперника.

НОКДАУН — положение боксёра после пропущенного удара, когда он не может продолжать бой в течение 8–9 секунд.

НОКАУТ — положение боксёра после пропущенного удара, когда он не в состоянии продолжить бой в течение 10 секунд и больше.

ПЕРЕКРЁСТНЫЙ УДАР — встречный удар правой рукой в голову, нанесённый при защите уклоном влево от атаки соперника левой в голову.

ПРАВОСТОРОННЯЯ СТОЙКА — боевая стойка боксёра, при которой его правая рука, плечо, бедро и нога находятся впереди по отношению к аналогичным частям левосторонней половине тела.

СВИНГ — боковой удар с замахом.

СЛИПИНГ — уклон.

СТРЭТ — прямой удар.

СТЭПИНГ-БРЭК — шаг назад.

СЕКУНДАНТ — тренер, имеющий право находится на ринге до боя, после боя и в перерывах между раундами, оказывая помощь боксёру. Каждый боксёр может иметь двух секундантов.

ТЕХНИЧЕСКИЙ НОКАУТ — победа присуждается одному из боксёров ввиду явного преимущества, отказа соперника от продолжения боя, повреждения, полученного соперником, дисквалификация соперника за нарушение правил.

УКЛОН ВПРАВО — защитные действия от прямого удара левой.

УКЛОН ВЛЕВО — защитные действия от прямого удара правой.

ХУК — короткий боковой удар.

D — ничья

DISQ — Disqualification — Победа ввиду дисквалификации соперника.

KO — Knockout — Победа нокаутом.

L — поражение.

PTS (UD) — On points — Победа по очкам.

RSC — Referee stop contest — Победа ввиду явного преимущества.

TKO — Technical Knockout — победа техническим нокаутом.

SD — Split Decision — победа большинством голосов судей.

W — победа.

WO — Walkover — Победа ввиду неявки соперника.

www.ingramcontent.com/pod-product-compliance
Lightning Source LLC
Chambersburg PA
CBHW071442090426
42737CB00011B/1755

* 9 7 8 1 7 3 6 6 9 7 4 7 4 *